Wissenschaftliche Veröffentlichungen

des

Vereins für Erdkunde

zu Leipzig.

Dritter Band.
Der Sansibar-Archipel.

Leipzig,
Verlag von Duncker & Humblot.
1896.

DER
SANSIBAR-ARCHIPEL.

ERGEBNISSE
EINER MIT UNTERSTÜTZUNG DES VEREINS FÜR ERDKUNDE
ZU LEIPZIG 1895/96 AUSGEFÜHRTEN FORSCHUNGSREISE

VON

Dr. OSKAR BAUMANN.

ERSTES HEFT.
DIE INSEL MAFIA UND IHRE KLEINEREN NACHBARINSELN.
MIT EINER ORIGINALKARTE.

LEIPZIG,
VERLAG VON DUNCKER & HUMBLOT.
1896.

Alle Rechte vorbehalten.

I.

DIE INSEL MAFIA

UND IHRE KLEINEREN NACHBARINSELN.

VON

DR. OSKAR BAUMANN.

Vorwort.

Die vorliegende Arbeit über die Insel Mafia ist die Frucht einer Reise, die Dr. Oskar Baumann im Herbst 1895 durch diesen Teil des Sansibar-Archipels gemacht hat. Zum ersten Mal wird hiermit eine zusammenhängende wissenschaftliche Darstellung, zum ersten Mal eine auf sorgsamen Detailaufnahmen beruhende Karte dieser deutsch-ostafrikanischen Insel gegeben.

Unter den jüngeren Afrikareisenden giebt es kaum einen unermüdlicheren als Oskar Baumann. 1885 mit O. Lenz am oberen Congo, 1886 auf der Insel Fernando Póo, 1888 mit Hans Meyer in Usambara, 1890 am Kilimandjaro, in Pareh und wieder in Usambara, hat er jedesmal zur geographischen Kenntnis seiner Reisegebiete aufserordentlich viel beigetragen und namentlich durch sorgfältigste kartographische Aufnahme seiner Routen die bis dahin noch wenig oder gar nicht bekannten Gebiete erstmalig erschlossen. Seine gröfste und entdeckungsreichste Forschungsreise war aber die, welche er 1891—93 im Auftrag des Deutschen Antisklaverei-Komitees nach dem centralafrikanischen Seengebiet ausführte. Und kaum hatte er diese grofse Expedition durch die unbekannten südlichen Massailänder und die ebenso unbekannten südwestlich vom Victoria-Nyanza gelegenen Länder Urundi und Uha vollendet und 1894, sein gediegenes und schönes Reisewerk „Durch Massailand zur Nilquelle" abgeschlossen, als er schon wieder eine neue ostafrikanische Forschungsreise plante.

Diesmal galt es dem vor der Sansibarküste liegenden Archipel, dessen drei Hauptinseln Pemba, Sansibar und Mafia nebst ihren vielen kleinen Nachbarinseln teils noch einer gründlichen wissenschaftlichen Untersuchung ermangelten, teils noch fast gar nicht bekannt waren, wie namentlich die seit dem deutsch-englischen Sansibarvertrag von 1890 deutsche Insel Mafia.

Zur Ausführung dieses Planes wendete sich Dr. O. Baumann im Herbst 1894 an den unterzeichneten „Verein für Erdkunde" mit dem Gesuch um Unterstützung, und der Verein erfüllte seinen Wunsch in zuversichtlicher Erwartung eines guten Erfolges. Dieser ist denn auch in vollem Mafse eingetreten. Dr. O. Baumann hat trotz wiederholter schwerer Fiebererkrankung die im Frühjahr 1895 begonnene Erforschung und kartographische Aufnahme des Sansibar-Archipels beendet und ist Ende 1895 von Mafia wieder in der Stadt Sansibar eingetroffen, wo er, nach stattgehabter Bestallung zum k. k. österreichisch-ungarischen Konsul, fortan seinen dauernden Wohnsitz hat.

Von dem auf dieser Reise gewonnenen Material hat Baumann zuerst das über die Insel Mafia und ihre kleinen Nebeneilande bearbeitet, weil diese Insel als deutsches Kolonialgebiet natürlich für unser Interesse die nächste ist. Wir publizieren diese Arbeit ohne Zögern, um sie möglichst schnell allgemein nutzbar zu machen und um dem Verfasser seine Priorität zu bewahren. Wir geben „Mafia" als selbständiges 1. Heft des 3. Bandes unserer „Wissenschaftlichen Veröffentlichungen" heraus und wollen in gleicher Weise die ferneren uns von Baumann zugehenden Arbeiten über den Sansibar-Archipel in selbständigen Heften publizieren, um sie nach Abschlufs dieser Arbeiten zum 3. Band unserer „Wissenschaftlichen Veröffentlichungen" zu vereinigen. Hoffentlich wird dies noch vor Ende des Jahres 1896 geschehen können.

Dem fernen Verfasser aber rufen wir über Land und Meer ein frohes „Glück auf" zu.

Leipzig, Sommer 1896.

Der Verein für Erdkunde zu Leipzig,
i. A. *Dr. Hans Meyer*, Vorsitzender.

Inhaltsverzeichnis.

                                                         Seite

I.
Der Name Mafia — Historisches — Gestalt und Gröfse der Insel — Geologischer Bau — Korallenland — Sandgebiet — Klima — Flüsse und Seen — Vegetation — Tierwelt 7

II.
Bewohner von Mafia — Wambwera — Shatiri — Sklaven — Fremde Ansiedler 13

III.
Der Handel Mafias — Kokospalme — Andere Kulturpflanzen — Fischerei. Matten-Industrie — Schiffbau — Einfuhr — Statistisches 16

IV.
Einzelbeschreibung von Mafia — Stadt und Insel Chole — Juani und Kua — Jibondo — Kipingwi — Upenja — Kirongwe — Bweni — Der Leuchtthurm Ras Mkumbi — Tireni — Kisimani Mafia 22

V.
Bwejuu — Die kleinen Inseln im Süden — Songo-Songo — Die kleinen Inseln im Norden — Koma — Kwale — Fanjove — Schlufswort . . 30

Karten.

Originalkarte von Mafia, nach den Aufnahmen von Dr. Oskar Baumann, mit Benutzung der englischen Seekarte konstruiert. (1:150 000.)

    Darauf in Kartons:
        1) Kartenskizze von   Kwale   1:75 000
        2)   „   „   Koma   „
        3)   „   „   Songo-Songo   „
        4) Übersichtskarte des Südteiles des Sansibar-Archipels.

I.

An der Stelle, wo der Rufiyi in mächtigem Delta seine Fluten in den indischen Ocean ergiefst, ist der deutsch-ostafrikanischen Küste eine Kette von Inseln vorgelagert, die nach der Hauptinsel Mafia füglich als Mafia-Gruppe zusammengefafst werden können. Sie bilden den südlichsten Teil des Sansibar-Archipels und den einzigen, der nach dem deutsch-englischen Abkommen vom 1. Juli 1890 in deutschem Besitz verblieben ist. Sämtliche Inseln sind reine Korallen-Eilande, die dem Wallriff der ostafrikanischen Küste angehören; nur auf Mafia finden sich Spuren älterer Kalke.

Die gröfseren Inseln der Gruppe sind seit Menschengedenken bewohnt, die kleineren dienen Fischern als vorübergehender Aufenthalt.

Die Hauptinsel Mafia ist das südlichste der drei grofsen Eilande des Sansibar-Archipels. Es ist zugleich das kleinste und küstenreichste und weicht in vieler Beziehung von den beiden nördlichen Inseln Sansibar und Pemba ab. Was den Namen Mafia anbelangt, so ist es zweifelhaft, ob derselbe Kiswahili-Ursprunges ist. Wenigstens nennen Eingeborene sowohl als fremde Swahili die Insel niemals Mafia, sondern stets Chole[1]. Dabei unterscheiden sie unter Chole mjini, d. h. der Stadt Chole, die auf dem gleichnamigen Inselchen gelegen ist, und Chole shamba, worunter die Hauptinsel Mafia verstanden wird, auf der fast keine geschlossenen Ortschaften, sondern nur Landgüter, Schambas, gelegen sind. Der Name Mafia (spr. Mafía) tritt in der eingeborenen Nomenklatur nur als Kisimani-Mafia, einer Örtlichkeit am Westkap, auf. Dagegen pflegen die Araber die Insel meist mit diesem Namen (von ihnen gesprochen „Máfya") zu bezeichnen, unter welchem sie auch in der Geschichte vorkommt.

Mafia, in den Chroniken oft auch Monfia genannt, soll schon um das Jahr 1000 n. Chr. dem Reiche des ersten shirazischen Sultans von Kilwa einverleibt worden sein. Nach de Barros[2] schickte Ali bin Hassan,

---

[1] Da es sich hier um ein reines Swahili-Gebiet handelt, so wurde die Steere'sche Kiswahili-Orthographie für alle Eigennamen beibehalten. Neben „Chole" hat auch die deutsche Schreibart „Tschole" Berechtigung. Unbedingt falsch ist jedoch „Schole".

[2] Siehe Guillain, Documents sur l'Afrique Orientale, Paris 1856.

der aus Schiraz eingewanderte Begründer Kilwas seinen Sohn um diese Zeit nach Mafia und liefs diese Insel seiner Herrschaft unterwerfen. Dieselbe stand hierauf Jahrhunderte lang unter Kilwa, und auch das Auftreten der Portugiesen im 16. Jahrhundert änderte nichts wesentliches an diesem Verhältniss. Es ist nicht wahrscheinlich, dafs die Portugiesen während ihrer Besetzung Kilwas im 16. Jahrhundert eine gröfsere Niederlassung auf Mafia besafsen. Ihr ganzes Verhalten in Ostafrika trug trotz seiner langen Dauer doch nur einen provisorischen Charakter: es kam ihnen nicht darauf an, das Land militärisch zu besetzen und in eine portugiesische Kolonie zu verwandeln, sondern nur, es soweit zu beherrschen, um sich den Seeweg nach Ostindien stets offen zu halten. Es ist daher nicht verwunderlich, dafs manche Gebiete von der portugiesischen Herrschaft so gut wie gar nicht berührt wurden. Dazu scheint auch Mafia gehört zu haben. Die Chronik von Rezende[1] erwähnt, dafs Mafia auch im Anfang des 17. Jahrhunderts dem damals wieder unabhängigen Sultan von Kilwa unterstand, dafs jedoch der portugiesische Kapitain von Mozambique daselbst eine Faktorei besafs, und dafs die „Mauren" (Swahili) der Inseln Auxoly (Chole), Coa (Kua auf Juani) und Zibondo (Jibondo) verpflichtet waren, anlaufenden portugiesischen Fahrzeugen Nahrung zu verschaffen. Die Portugiesen hatten auch ein kleines aus Bruchsteinen gebautes Fort an der Ostseite der Insel angelegt, welches in Kriegszeiten von Mombas aus eine Garnison von 12 Mann bekam. Diese Angabe stimmt nicht mit der Tradition der Bevölkerung, welche das portugiesische Fort in die Gegend von Kirongwe, also an die Nordwest-Küste verlegt, wo bei einer Lokalität Jojo vor wenigen Jahren noch Mauerreste sichtbar waren, die inzwischen von der Flut weggewaschen worden sind. Doch ist es leicht möglich, dafs die von Rezende erwähnte, offenbar ganz unbedeutende Niederlassung später nach Jojo verlegt wurde.

Mit Beginn des 18. Jahrhunderts kam Mafia unter die Herrschaft des Imans von Maskat. Dieselbe war jedoch eine rein nominelle, und die Insel bildete lange Zeit einen Schlupfwinkel von Seeräubern. Erst um 1840, als Seyd Saïd seine Residenz von Maskat nach Sansibar verlegte, wurde Mafia thatsächlich ein Teil seiner Besitzungen und erhielt einen arabischen Vali (Statthalter). In dieser Zeit unternahmen die Sakalaven aus Madagaskar in vielen Kanoes einen Überfall auf Mafia. Sie erstürmten die damalige Hauptstadt Kua auf Juani und raubten Menschen und Schätze. Die Gefangenen wurden ihnen jedoch von einer aus Sansibar nachrückenden Hilfsmacht bei Lindi wieder abgenommen. Nach dieser Katastrophe, die sich lebhaft im Ge-

---
[1] A. a. O. I. Bd. p. 468.

dächtnis der Eingeborenen erhalten hat, wurde der Hauptort von Kua nach Chole verlegt. Zu Anfang dieses Jahrhunderts wurden die Küsten der Insel zum erstenmal oberflächlich von englischen Kriegsschiffen vermessen. 1864 fand der Besuch des deutschen Reisenden Kersten statt[1]. Während des Araberaufstandes 1888—1890 verhielt sich Mafia völlig ruhig, wie denn Kämpfe und Unruhen nicht die Sache der friedlichen Bewohner dieser Insel sind.

Beim deutsch-englischen Abkommen 1890 wurde Mafia gleich Sansibar und Pemba England zugesprochen, und erst durch ein nachträgliches Übereinkommen und durch den Verzicht Deutschlands auf die Stephenson-Strafse am Nyassa-See gelangte die Insel in deutschen Besitz. Der damalige Bezirksamtmann von Kilwa, Herr von Zelewsky, begab sich nach Chole, hifste dort die deutsche Flagge und errichtete einen Sudanesen-Posten. Die Soldaten dieses Postens blieben unter einem schwarzen Unteroffizier längere Zeit sich selbst überlassen und führten ein ziemlich wildes Regiment, so dafs der Beginn der deutschen Herrschaft in Chole nicht in angenehmer Erinnerung steht. Nach Abberufung der Sudanesen aber wurde ein Hindu als Zollbeamter nach Chole geschickt, der zugleich eine milde Regierung über die Eingeborenen ausübte, bis er eines Tages mit der Zollkasse das Weite suchte. Auf ihn folgte ein anderer Hindu, der Ende 1892 endlich durch den deutschen Zollbeamten Firnstein ersetzt wurde. Ende 1894 kam der Zollassistent Ritter nach Chole, der dann als einziger Europäer auf der Insel wohnte und die Zollgeschäfte wahrnahm. Der politische Dienst blieb einem, dem Bezirksamt Kilwa unterstehenden schwarzen Akida (Statthalter) überlassen. Der Akida Nebhan bin Nasor, ein Bruder des bekannten Soliman bin Nasor, wurde aber auf Befehl des Gouverneurs von Wifsmann wieder seiner Stelle entsetzt. Eine Untersuchung, die durch den Bezirksamtmann von Kilwa, Freiherrn von Eberstein, gegen ihn eingeleitet wurde, ergab grobe Unterschleife und Mifsbrauch der Amtsgewalt, für welche der Mann im Kerker zu büfsen haben wird. Gegenwärtig sind die Bezirksamtsgeschäfte in Chole in den Händen des deutschen Zollbeamten.

Die Insel Mafia hat die Gestalt eines stumpfwinkeligen Dreieckes, dessen stumpfer Winkel von der tiefen Chole-Bai ausgeschnitten ist, welche durch die vorgelagerten Inseln Chole, Juani und Miewi den Charakter einer Lagune erhält. Die Hauptrichtung der Insel verläuft von Südwest nach Nordost, sie hat einen Flächeninhalt von 434 qkm. Die Insel ist fast völlig flach und erhebt sich nur an

---

[1] C. v. d. Deckens Reisen in Ostafrika, Bd. II, 249.

wenigen Stellen bis 30 m über die Meeresfläche. Ihre gröfsten Höhen dürften nicht über 50 m betragen.

Bezüglich des geologischen Baues stellt sich Mafia als reine Koralleninsel dar. Die einzigen Spuren älterer, vielleicht jurassischer Kalke finden sich in der Gegend der Niederlassung Upenja im Centrum der Insel. Durch die Mitte der Insel, von der Chole-Bai zur Nordküste zieht sich eine von zahlreichen kleinen Seen erfüllte Senkung, in der man zweifellos eine alte Lagune zu sehen hat. Vielleicht bestand die Insel ursprünglich aus zwei, durch die genannte Lagune getrennten Hälften, die, durch die Arbeit der Korallentiere verbunden, mit positiver Niveauveränderung schliefslich vereint wurden. Von der See abgeschnitten, zerfiel die Lagune in einzelne Süfswasserseen. Ein ähnlicher Prozefs läfst sich jetzt an der Chole-Bai beobachten, deren Eingänge ebenfalls immer seichter werden, so dafs der Zeitpunkt geologisch nicht mehr fern ist, wo die Bai in eine Binnen-Lagune verwandelt sein wird, und die mächtigen Korallenriffe im Süden der Insel, welche der Südströmung ihre Entstehung verdanken und jetzt schon zur Ebbe trocken fallen, als Festland eine Fortsetzung von Mafia bilden werden.

Wie bei Sansibar und Pemba, so läfst sich auch bei Mafia beobachten, dafs die dem vollen Anprall des indischen Oceans ausgesetzte Ostküste nahezu ungegliedert ist. Sie hat nur eine Einbuchtung, die Mlalapwani-Bai, ist sehr felsig und von heftiger Brandung umtobt und wird deshalb von Segelschiffen gänzlich gemieden. An der Ostküste macht sich eine starke Küstenverminderung bemerkbar. Am Strande findet man grofse Haufen von Bimsstein; es war mir interessant, von erwachsenen Fischern zu erfahren, dafs zur Zeit ihrer Kindheit diese Bimssteine noch gar nicht oder doch selten zu finden waren. Man könnte daraus schliefsen, dafs sie von der Eruption des Krakatao herstammen.

An die Ostküste schliefst sich eine Zone steinigen Korallenlandes, welche jedoch sehr schmal ist und nirgends jenen Grad von Zerklüftung und Unwegsamkeit erreicht wie auf Sansibar. Die Entstehung dieser Zone ist wohl daraus zu erklären, dafs die heftigen Winde das Ansetzen einer Humusschicht nur in den Schluchten und Senkungen des zackigen jungen Korallenlandes ermöglichen. Durch seinen zerrissenen Charakter, die zahlreichen Grotten, Hohlräume und Einsturztrichter und durch die im roten Boden der Senkungen wuchernde Vegetation erinnert das Korallenland der ostafrikanischen Inseln lebhaft an den dalmatinischen Karst. Auch die Erscheinung eines verschwindenden Flusses zeigt sich auf Mafia. Es ist dies der Pangani-

Bach, der unweit des Dorfes Upenja als periodischer Wasserlauf entspringt und nördlich vom Dorfe Mlola zwischen steilen Korallenwänden plötzlich verschwindet. Diese Wände umschließen ein längliches Becken, welches, zur Flutzeit mit Seewasser gefüllt, zur Ebbe nahezu trocken fällt. Die Korallenzone erstreckt sich vom Ras Mkumbi längs der Ostküste bis zur Chole-Bai und setzt sich auf den Inseln Miewi, Juani und Jibondo fort.

An das Korallenland schließt sich im Westen ein Gebiet an, welches den übrigen Teil der Insel einnimmt und vorherrschend sandigen Boden hat. Der rote Lehmboden, der in Sansibar hauptsächlich ansteht, tritt nur vereinzelt, besonders an der Südküste und auf der Insel Chole, auf.

Die Westküste trägt von Ras Mkumbi bis zum Bweni-Kap einen steinigen, der Ostküste ähnlichen Charakter. Hierauf sind ihr Mangroven-Striche und Sandbänke mit hohen Kasuarinen vorgelagert, die von seichten Kanälen durchsetzt sind. Das Ufer selbst fällt in einer niedrigen Rampe gegen diese Zone ab. Erst bei Mfunguni tritt der Steilabfall bis knapp an die See und begleitet das Ufer bis südlich von Tireni, von wo ab wieder sandiges und Mangrovengebiet bis zum Westkap bei Kisimani Mafia vorgelagert ist. Das Südufer der Insel ist hoch und ziemlich steil, mit schmalem Mangrovengürtel. Beim Ras Utende beginnt die Chole-Bai oder eigentlich Chole-Lagune, deren Ufer überall flach und sandig sind und auf kurzem Abstand von dem Abfall begleitet werden, bis sie bei Mchangani in die Felsküste des Ostufers übergehen.

Über das Klima von Mafia sind noch keine zusammenhängenden Beobachtungen gemacht worden. Die Insel dürfte etwas regenreicher sein als das benachbarte Festland. Die ständige Seebrise läßt die Temperatur erträglich erscheinen. Obwohl keineswegs malariafrei, kann doch Mafia als ein für ostafrikanische Verhältnisse gesundes Land bezeichnet werden und hat in dieser Hinsicht einen entschiedenen Vorteil vor Sansibar und Pemba.

Mafia ist bei seiner geringen Ausdehnung keineswegs arm an fließenden Gewässern. Im Osten finden sich allerdings nur periodische Wasserrisse. Die Bäche des Westens jedoch führen ständig Wasser, wenn sie auch nur ein geringes, oft kaum merkliches Gefälle haben. Mehrere Bäche, darunter die aus den kleinen Seen entspringenden, münden in die Chole-Bai, andere bei Kichevi im Nordwesten der Insel, einige an der Südküste und bei Kisimani Mafia. Mehrere Bäche bilden an der Mündung ziemlich breite Mangrove-Aestuarien, die bei Flut ein kleines Stück weit befahrbar sind.

Eine Eigentümlichkeit von Mafia sind die zahlreichen kleinen Seen, von den Eingeborenen „Tanda" genannt. Ich zählte deren 17, doch ist es wohl möglich, dafs noch einige vorhanden sind, von welchen mir nichts bekannt wurde. Die gröfste Menge liegt im Distrikt Ndagoni, die übrigen sind im Norden der Insel verstreut, während es im Süden keine Seen giebt. Fast alle tragen deutliche Spuren eines früheren Zusammenhanges mit dem Meer, haben ziemlich klares, süfses Wasser und sind nur am Ufer verschilft. Sie haben flache Ufer und wohl nur geringe Tiefen. Die beiden Seen Chunguruma bei Kichevi sind von hohem Wald umgeben.

Es ist dies der einzige Fleck der Insel, wo sich wirklich hochstämmiger Wald findet, sonst ist in der Vegetation das Buschland vorherrschend. Im Korallenland wuchert eine ungemein dichte Gestrüpp-Vegetation, welche dem fruchtbaren Humus-Boden in den Spalten des Korallen-Gesteins entspriefst. Sie trägt einen eigenartigen, ziemlich stacheligen Charakter und ist häufig untermischt mit Baumeuphorbien. Besonders im nördlichen Teil der Insel wird diese Vegetation zu einem förmlichen Wald, der allerdings keine bedeutende Höhe erreicht. Das ganze Sandgebiet, soweit es nicht von Pflanzungen bedeckt ist, ist mit lichtem Busch bestanden. Akazien sind darin vereinzelt, häufig sieht man wilde Phönix-Palmen (Ukindo), ein erika-ähnliches hohes Gesträuch und den halbwilden, grofsblättrigen Akaju-Baum (Mbibu, Anacardium occidentale), dessen efsbare gelbe Frucht einen ebenfalls geniefsbaren Kern (Korosho) besitzt, der geröstet wie Mandeln schmeckt. Aufserdem giebt es wohl kaum einen Fleck der Insel, aufser im sterilen Korallenland (Ngome), wo nicht einzelne Mango-Bäume das Vorhandensein früherer Kulturen anzeigen.

Ob es viele endemische Pflanzenarten auf Mafia giebt, ist zweifelhaft, jedenfalls gleicht die Vegetation im Charakter sehr jener des benachbarten Festlandes. Dasselbe ist auch bei der Tierwelt der Fall, d. h. es giebt viele Arten des Festlandes, die auf Mafia nicht leben, während das Umgekehrte wohl nur wenig vorkommt. Besonders auffallend auf dieser Insel ist das Flufspferd, welcher mächtige Dickhäuter auf Sansibar und Pemba gänzlich fehlt. Es ist zweifellos, dafs die Flufspferde ursprünglich aus der Rufiyi-Mündung nach Mafia eingewandert sind. Dafs Flufspferde sich stellenweise in die See wagen, ist eine bekannte Thatsache, und man kann sich in der Chole-Bai häufig davon überzeugen, dafs sie ein gelegentliches Seebad keineswegs scheuen. Wenn Hochfluten des Rufiyi mit günstigen Winden zusammentreffen, so ist es daher gar nicht verwunderlich, wenn Flufspferde nach Mafia verschlagen werden. Einmal dort angelangt, finden sie die denkbar günstigsten Existenzbedingungen. Die zahlreichen kleinen Seen bieten Badeplätze am Tage, und die Weideplätze der Insel geben reichliche Nahrung. Besonders zur Regenzeit tauchen sie in den entlegensten Teilen der Insel auf und richten durch Abweiden und Zertrampeln in den Pflanzungen der Eingeborenen grofsen Schaden an. Noch mehr thun dies die Wildschweine, die in grofsen Mengen auf der Insel vorhanden sind, und gegen deren Verheerungen die Eingeborenen sich nur durch Anlage starker Gitter um die Pflanzungen schützen können. Was Flufspferde, Wildschweine und Feldratten verschonen, fällt den Affen zum Opfer, die auf der Hauptinsel, besonders aber in Juani, sich in grofsen Herden herumtreiben. An Wild giebt es sonst noch Zwergantilopen (auf Mafia Chesi genannt) und zahlreiche Perlhühner und Wildtauben. Die Webervögel richten an den Kokospalmen stellenweise Schaden an. Der einzige natürliche Feind dieser Tiere und der Haustiere ist die Pythonschlange (Chatu), die in ganz mächtigen Exemplaren vorkommt. Krokodile giebt es auf Mafia keine, dagegen viele grofse, aber gänzlich harmlose Leguane (Kenge). Die Termiten (Nchwa) finden sich auf der Hauptinsel, und besonders auf dem Inselchen Chole in grofsen Mengen. Wildbienen werden von den Eingeborenen in keiner Weise gehegt, doch wird deren Honig öfter ausgenommen.

II.

Unter den Bewohnern von Mafia sind die Wambwera die ältesten. Sie sind stammverwandt mit den zwischen Kisiju und den Rufiyi-Mündungen lebenden Küsten-Swahili. Der Name leitet sich von der gegenüber Kisimani Mafia gelegenen Landschaft Umbwera im Rufiyi-Delta her. Die Einwanderung hat jedenfalls schon in sehr früher Periode stattgefunden. Die Wambwera sprechen einen sehr guten Dialekt des Kiswahili und spielen auf Mafia eine ähnliche Rolle wie die Wahadimu in Sansibar. Ihre Niederlassungen sind über die ganze Insel verstreut, in geschlossenen Mengen bewohnen sie den Norden, sie sind auch die einzigen spärlichen Besiedler des Korallenlandes Ngome.

Es sind meist dunkelfarbige Leute, die sich in Tracht und Lebensweise nicht von den Küstenswahili unterscheiden. Sie sind wie diese Sunniten vom chaffeïtischen Ritus. Die Wambwera mieden früher aus Furcht vor arabischen Sklavenräubern die Küste und legten ihre Dörfer im Innern der Insel an; erst als unter Seyd Saïd allmählich geordnetere Zustände eintraten, zogen sie an den Meeresstrand. Die Zahl der Weiber soll jene der Männer überwiegen.

Die Wambwera sind ein friedliches, ziemlich bedürfnisloses Völkchen, das nach altem Brauch seinen Feldbau und seine Viehzucht betreibt. Krieg ist von Alters her unbekannt, selbst Prügeleien der Dorfjugend kommen nur selten vor. Sie leben unter kleinen Häuptlingen; der angesehenste auf der Insel ist jener von Bweni.

Sehr alte Ansiedler auf Mafia sind die Shatiri, welche gewissermafsen den Adel vorstellen. Sie sind die Hauptbewohner der Stadt Chole, leben aufserdem in Kipingwi und Kipandeni und besitzen Landgüter in allen Teilen der Insel. Sie nennen sich „Sherifu" (Abkömmlinge des Propheten) und leiten ihren Ursprung von Hadramaut her. Sie sind eines Stammes mit den Shatiri von Barawa, Siu (bei Lamu) und Wassin und gehen mit diesen Wechselheiraten ein. Ihre Einwanderung erfolgte jedenfalls vor Jahrhunderten. Sie sind unter den „Mauren" gemeint, von welchen in shirazischen und portugiesischen Chroniken die Rede ist.

Die Shatiri sind vielfach hochgewachsene Leute von lichter, angenehm brauner Hautfarbe; stellenweise trifft man nahezu weifse, daneben allerdings auch recht dunkelfarbige Individuen. Sie haben meist glattes, nur leicht gekräuseltes Haar und auffallend feine Glieder. Ihre meist recht anziehenden Gesichtszüge zeigen eine Mischung von Araber- und Negertypus, bei welcher einmal der erstere, einmal der letztere überwiegt. Die Shatiri kleiden sich sehr sorgfältig, sind heiterer Gemütsart, intelligent und den reinen Arabern weit vorzuziehen. Sie sind vielfach wohlhabend, und die Kokos-Pflanzungen der Insel sind hauptsächlich in ihrem Besitz. Sie sind ebenfalls Sunniten und recht eifrige Mohamedaner; es giebt kaum einen Shatiri, der die Koranschule nicht besucht hätte. Ihre hübschen Weiber hüten sie mit Eifersucht und gestatten ihnen niemals, das Haus zu verlassen. Sie sprechen unter sich ausschliefslich Kiswahili, doch giebt es einzelne, welche der arabischen Sprache mächtig sind. Sie pflegen auf ihren Landgütern Moscheen zu erbauen und beerdigen ihre Toten in gemauerten Gräbern mit pyramidenartigem Denkmal. Dabei geniefsen sie ziemlich offen geistige Getränke und sind überhaupt keineswegs fanatisch. Die Maskataraber mögen sie nicht leiden und halten sich für viel vornehmer als jene. Ihre Zahl dürfte 2000 nicht übersteigen.

Neben dieser seit vielen Generationen ansässigen Bevölkerung trifft man auf Mafia auch jüngere Einwanderer. Unter diesen spielt die Sklavenbevölkerung quantitativ die erste Rolle. Die Sklaven auf der Insel stammen vielfach aus dem Rufiyi-Gebiet, wo zur Zeit der Heuschreckennot Leute billig verkauft wurden, und gehören den

Stämmen des Südens von Deutsch-Ostafrika, hauptsächlich den Wanyassa und Wayao an. Viele Sklaven sind bereits auf der Insel geboren. Die meisten Sklaven sind Eigentum der Shatiri, einzelne besitzen auch die Wambwera. Da die Arbeit auf den Kokospflanzungen keine besonders schwere ist, da ferner die Sklaven genügende Nahrung haben und die Furcht vor den deutschen Behörden Übergriffe der Herren selten macht, so ist das Los der Sklaven ein erträgliches und jedenfalls unvergleichlich besser als das der Sklaven in Sansibar und Pemba.

Wahrscheinlich erst seit der Besitzergreifung der Insel durch Seyd Saïd haben sich einzelne Maskataraber dort niedergelassen. Einige derselben gründeten bei Kisiwani Mafia ein Dorf und gingen Mischehen mit den Negerinnen ein. Ihre Nachkommen leben jetzt noch in Kisimani Mafia, gehören der ibathitischen Sekte an, sprechen jedoch nur Kiswahili und tragen deutlichen Mischlingstypus. Reine Maskataraber leben einzeln in Chole und Kirongwe.

Suri-Fischer aus dem Persischen Meerbusen halten sich jahrelang auf Mafia und den kleinen Nebeninseln auf.

Sheher-Araber (Shihiri) und Leute aus Hadramaut und Makalla leben nur wenige auf der Insel, einige als Gutsbesitzer, die andern als Krämer in Chole. Von Belutschen ist nur ein einziger, der frühere Jemadar des Sultans, ansässig.

Swahili aus Malindi haben sich seit zwei Generationen an der Südküste bei Chem-Chem angesiedelt. Es sind meist angesehene, begüterte Leute, denen die Shatiri nahestehen; oft sind sie auch mit diesen verschwägert.

Eine kleine Kolonie von Komorensern (Angasija) lebt bei Baleni.

Indische Kaufleute sind, wie mir mitgeteilt wurde, 22 auf der Insel ansässig. Sie leben nicht nur auf Chole, sondern besitzen auch Läden auf Mafia, besonders zu Marinbani und Kirongwe. Sie bestehen aus Mohamedanern (im Kiswahili „Wahindi" genannt) und heidnischen Hindu (im Kiswahili „Banyani"). Unter den Mohamedanern giebt es Kojah und Borah, unter den Hindu Vedagläubige, den Kasten der Brahmins, Bathias und Banyas angehörig, und Jaïns. Alle stammen aus der Bombay-Präsidentschaft. Sie stehen ausschliefslich in Verbindung mit Sansibarer Häusern und kehren nach einigen Jahren mit dem Erworbenen nach ihrer Heimat zurück.

Über die Bevölkerungszahl von Mafia zu einem sicheren Urteil zu gelangen, ist nicht leicht, da ein Teil der Bewohner nicht in geschlossenen Ortschaften, sondern in den Pflanzungen verstreut lebt. Nach möglichst genauer Schätzung bin ich zu der Ziffer von 6000 Einwohnern für Mafia, einschliefslich Chole, Juani und Jibondo gelangt.

III.

Der Handel Mafias beruht hauptsächlich auf den landwirtschaftlichen Produkten; von diesen soll im folgenden die Rede sein.

Unter den Kulturpflanzen nimmt die Kokospalme ihrer Bedeutung nach die erste Stelle ein. Sie wird wohl schon von Alters her auf der Insel gepflanzt. Die Wambwera bauen Kokospalmen nur in geringen Mengen und zum eigenen Gebrauch und beginnen erst in neuerer Zeit gröfsere Pflanzungen anzulegen. Solche besitzen aber hauptsächlich Araber und Shatiri. Ein Verdienst um die Verbreitung der Kokos-Kultur erwarb sich der Araber Salim bin Saïd, der jahrelang Statthalter des Sultans auf Mafia war und grofse Pflanzungen bei Tireni anlegte. Die gröfsten Kokos-Schamben liegen um die Chole-Bai und an der Südküste von Mafia, sowie an der Nordküste zwischen Tireni und Kichevi. Jedoch auch im Innern und im Norden der Insel, bei Baleni, Upenja, Kirongwe, Changwa u. s. w. liegen schöne Kokos-Schamben verstreut. Auf der Insel Chole tragen die Palmen nur kleine Früchte; überhaupt ist es eine auffallende Thatsache, dafs auf allen kleinen Inseln von Kwale bis Songo-Songo die Kokospalme nur schlecht gedeiht.

Die eingeborenen Pflanzer auf Mafia setzen die Kokosnüsse erst in Saatbeete und verpflanzen sie sodann. Besonders die Wambwera begehen nicht selten den Fehler, die Palmen zu nahe aneinander zu pflanzen. In gut gehaltenen Schamben stehen sie jedoch regelrecht in Reihen. Als Versuch zur Düngung wird in die Pflanzlöcher beim Zuschütten die Oberflächen-Erde zuerst eingeworfen. Bei gut gehaltenen Pflanzungen wird das Gestrüpp zwischen den Palmen abgehauen und um die Stämme angehäufelt. Doch sind auch solche Schamben keineswegs selten, wo Gesträuch und Unkraut ungestört zwischen den Palmen wuchert, wodurch deren Ertragnis sehr beeinträchtigt wird.

Die Kokospalme gedeiht in dem sandigen Boden von Mafia ganz vorzüglich und trägt schon im 4. bis 5. Jahre reichliche Früchte. Nach 6 Jahren kann sie als ausgewachsen betrachtet werden. Die Palmen auf Mafia bringen ungewöhnlich grofse Nüsse hervor, wie ich solche weder in Afrika noch in Indien und Ceylon jemals gesehen. Stellenweise wird auch die kleine Varietät mit gelben Nüssen (Mnazi ya

Pemba) gepflanzt, von welchen jedoch nur die jungen Saftnüsse (Madafu) Verwendung finden.

Die reifen Kokosnüsse kommen enthülst mit der Schale zum Export. Nur selten wird die Schale aufgeschlagen und die Nufs als Kopra exportiert. Kokosfaser (Coir) wird als solche nicht ausgeführt, sondern zu Stricken verarbeitet. Zu diesem Behufe wird die Faserhülle der Nufs in Löchern am Strande vergraben, die von der Flut überschwemmt werden. Nach mehreren Monaten herausgenommen, werden die Fasern von Weibern mit Klöppeln auf einem Brett bearbeitet, bis die gelbliche Faser völlig rein ist. Diese wird hierauf von Seilern zu Stricken verarbeitet, die in Ballen zur Ausfuhr gelangen. Die harte Schale wird zu Schöpflöffeln (Kata) benutzt. Die Palmblätter (Makuti) dienen zum Dachdecken, oft sogar zum Bekleiden der Wände und gelangen auch zur Ausfuhr nach der Küste.

Nimmt man die Fläche des von Kokospalmen bestandenen Landes zu ca. 40 qkm an und setzt pro Palme eine Fläche von 20 qm, so ergiebt sich für Mafia eine Anzahl von ungefähr 2000 Palmen.

Nur zum lokalen Gebrauch wird die **Areka-Palme** (Popo) angepflanzt, die nicht besonders gut gedeiht.

Reis wird überall auf der Insel, doch nicht in genügenden Mengen angepflanzt, so dafs solcher noch von aufsen importiert werden mufs. Dasselbe ist bei **Sorghum** der Fall, welches hauptsächlich von Wambwera auch im Korallenland mit Erfolg angebaut wird. **Maniok** bildet die vorzüglichste einheimische Nahrungspflanze, die meist auf den Schamben zwischen den Kokospalmen gepflanzt wird. **Sesam** wird ziemlich viel, hauptsächlich bei Kirongwe gebaut und gelangt auch zur Ausfuhr. Aufserdem baut man Hülsenfrüchte, Kürbisse, Gurken, Tomaten, Bataten und etwas Tabak. An Fruchtbäumen finden sich Mangos in prachtvollen Bäumen und guter Qualität, ferner Bananen, Orangen, Citronen, Guayaven und die vorerwähnten Akaju-Bäume (Mabibu). Ananas gedeihen überall bei den Niederlassungen. **Zuckerrohr** wird stellenweise zum lokalen Gebrauch angepflanzt. Gröfsere Felder davon befafs Salim bin Saïd bei Tireni, der auch eine Melasse-Mühle anlegte. Doch erwies sich der Zuckerrohr-Bau auf Mafia nicht als lohnend. **Gewürznelken** wurden mehrfach versuchsweise, teilweise mit Erfolg gepflanzt. Aber die an die bequeme Kokospalmen-Kultur gewöhnten Mafia-Pflanzer konnten sich nicht zum Anbau der mehr Arbeit und Sorgfalt erfordernden Nelkenbäume entschliefsen.

Von wild vorkommenden Produkten der Pflanzenwelt findet sich etwas **Kopal** bei Kirongwe und bei Chem-Chem in schlechter Qualität, welches zur Ausfuhr gelangt. Mafia wird schon von den Portugiesen als Harz lieferndes Land erwähnt, doch handelt es sich dabei wahrscheinlich um Kopal, der von der Küste importiert wurde.

Besonderes Interesse nimmt die Viehzucht in Mafia in Anspruch. Denn ebenso wie die Landwirtschaft auf dieser Insel unter der Heuschreckenplage nicht zu leiden hatte, so wurde die Viehzucht auch fast ganz von der schrecklichen Seuche verschont, die 1891 einen grofsen Teil der ostafrikanischen Viehherden vernichtete. Das Gouvernement von Deutsch-Ostafrika erliefs hierauf, um den Viehstand auf Mafia zu heben, ein Verbot der Ausfuhr von Rindvieh sowohl nach Sansibar als nach der Küste. Der schon früher nicht unbedeutende Viehstand hat sich infolgedessen noch gehoben, und die Zahl von 2500 Rindern für Mafia dürfte nicht zu hoch gerechnet sein. Die kleinen Zeburinder gedeihen vorzüglich auf den Weideplätzen der Insel, sie haben allerdings kein sehr wohlschmeckendes Fleisch und liefern nur wenig Milch. Im Norden der Insel treiben sich die Rinder der Wambwera halbwild im Busch umher. Auch Ziegen und Schafe, sowie von Geflügel Hühner und Enten werden überall gehalten. Als Reittiere dienen gute Esel arabischer Abstammung.

Die Küstenbewohner Mafias und der benachbarten Inseln widmen sich mit Eifer dem Fischfang, dessen Produkte hier Erwähnung finden mögen. Getrocknete Fische, besonders Haifische (Papa), sowie Tintenfische (Pweza) werden im Lande selbst verbraucht und gelangen zur Ausfuhr. Ein Nebenprodukt ist der übelriechende Haifisch-Thran (Sifa), der zum Dichtmachen der Boote und Segelschiffe dient. Schildpatt wird in ziemlich grofsen Mengen und recht guter Qualität gewonnen. Perlmutterschalen findet man hauptsächlich auf den grofsen Korallenbänken südlich der Insel, meist in ziemlich kleinen Exemplaren. Perlen sollen in gröfseren Tiefen gefunden werden und werden wohl nur von den im Tauchen geschickten arabischen (Suri-) Fischern thatsächlich erlangt. Dieselben warten den Zeitpunkt des niedrigsten Wasserstandes ab und machen dann Tauchversuche. Edelkorallen sollen vorkommen, werden jedoch von Eingeborenen nicht gefischt. Die früher sehr bedeutende Kauri-Fischerei hat mit der Nachfrage nach Kauris fast gänzlich aufgehört, andere Muscheln gelangen als Ziermuscheln vereinzelt zur Ausfuhr. Bei allen Produkten des Fischfanges, hauptsächlich den wenig umfangreichen und wertvollen, können die Listen des Zollamts Chole nicht entfernt als mafsgebend für die Bedeutung des Exports betrachtet werden. Denn die Fischer haben es allzu bequem, ihre Produkte an durchfahrende Dhaus zu verkaufen.

Wenn bei Schilderung eines afrikanischen Gebietes die Landesprodukte aufgezählt sind, so pflegt damit der Export erschöpft zu sein, denn von Industrie ist im allgemeinen kaum die Rede. In dieser Hinsicht ist Mafia eine Ausnahme, denn es besitzt eine recht bedeutende Haus-Industrie. Bei Besprechung der Kokospalme ist bereits von der Seilerei die Rede gewesen, deren Erträgnisse, die Kokos-Stricke, in einem Werte von jährlich ca. 10000 Rps. zur Ausfuhr gelangen. Wichtiger und interessanter ist die Matten-Industrie. Chole-Matten sind in Sansibar und an der Küste bekannt und werden in einem Werte von 13000 Rps. jährlich, nach dem Zollberichte, ausgeführt. Dabei sind jene Matten nicht mitgerechnet, die im Lande selbst verbraucht werden, und jene, die wohl jeder Matrose und Passagier als Privatgepäck mitführt und die nicht zur Verzollung kommen. Die Matten werden eingeteilt in rechteckige Schlafmatten (Mikeka), oblonge Gebetmatten (Misala) und trichterförmige Speisedeckel (Makawa). Seltener werden kreisrunde Vitanga gefertigt, die als Unterlage für das Speisebrett oder den Mühlstein dienen, mit welchem die Weiber Mehl mahlen. Wohl nur auf Bestellung werden feine Fufsboden-Matten (Mikeka-Jamvi) hergestellt. Die groben Fufsboden-Matten (Jamvi), die aus Bagamoyo ziemlich viel exportiert werden, werden auf Mafia nur wenig zum lokalen Gebrauch gefertigt.

Das Material für die Matten liefert die Phönix-Palme, meist Phoenix reclinata (Ukindo), die auf Mafia überall wild wächst. Die jungen, noch nicht entfalteten Blattfächer werden abgeschnitten und getrocknet, wobei sie eine angenehm strohgelbe Farbe annehmen. Sie werden hierauf in Streifen von ca. 2 mm Breite zerschnitten. Diese werden teils ungefärbt, teils gefärbt zum Flechten verwendet. Zum Schwarzfärben dient eine Wurzel (Mdaa), die getrocknet und verkohlt wird, grün wird aus zwei verschiedenen Blättern (Nanaha) gewonnen, rot (fua) und gelb (manjano) wird von den Indern importiert. Die Ukindo-Fasern werden mit dem Farbstoff verkocht. Hierauf werden Streifen (Ukili) von 6—25 mm Breite geflochten und zwar einfarbige und gemusterte (Ukili ya kazi). Bei den letzteren unterscheidet man Sternmuster (Nyota), Pfeilmuster (Mshari) und den europäischen Baumwollzeugen nachgeahmte (Kanga). Die Streifen werden hierauf zu Matten zusammengenäht, wobei ebenfalls Ukindo benutzt wird und um die Matte ein Saum (Pindo) genäht. Die gesamte Arbeit liegt in den Händen der Frauen, nur beim Nähen helfen manchmal die Männer mit. Sowohl Wambwera als Sklaven und Shatiri beteiligen sich an der Mattenindustrie; in den Harems der letzteren werden sogar die schönsten Arbeiten gefertigt. Je schmäler die Ukindo und Ukili, je lebhafter die Färbung und je sorgfältiger die Flechtarbeit, desto schöner ist die Matte. Leider werden schöne Arbeiten immer seltener gefertigt, weil die Nachfrage nach grober, billiger Verbrauchsware stärker ist und niemand die höheren Preise für feinere Arbeiten bezahlen will. Es wäre eine dankbare Aufgabe für die Kulturabteilung des Gouvernements von Deutsch-Ostafrika, zur Befruchtung dieser entwicklungsfähigen und interessanten Industrie beizutragen, wie dies von der österreichischen Regierung in Bosnien, von der englischen in Indien mit so grofsem Erfolg bei halb im Erlöschen begriffenen Hausindustrien geschehen ist.

Eine andere in Chole betriebene Industrie ist der Schiffsbau. Die Bauherren sind meist Shatiri, die zum eigenen Gebrauch und zum Verkauf vorzüglich segelnde Boote und Dhaus erbauen lassen. Die Handwerker sind meist ihre Sklaven, durchweg einheimische Schwarze. Das Bauholz wird von der Msala-Mündung des Rufiyi gebracht, das Holz für die Kiele aus Kasuarinen von Bwejuu und West-Mafia gewonnen. Die flotten Boote, welche den Verkehr in der Chole-Bai vermitteln, sind ausschliefslich in Chole gebaut, daneben aber auch gröfsere Fahrzeuge, die zu Reisen an der ostafrikanischen Küste und selbst nach Arabien und Indien seetüchtig sind.

Die genannten Landes- und Industrieprodukte bilden die Ausfuhr Mafias, die Einfuhr besteht vor allem in Erzeugnissen der europäischen, indischen und amerikanischen Industrie, in Baumwoll- und andern Stoffen, Fez, Eisen- und Glaswaren, Petroleum und den zahlreichen anderen Artikeln, die an den verschiedenen Plätzen Ostafrikas ziemlich dieselben sind und für Mafia nichts besonders charakteristisches bieten. Erwähnenswert ist, dafs von Sansibar und von der Küste ganz bedeutende Mengen Reis, Sorghum und Chooko (Hülsenfrüchte) eingeführt werden. Der Reis kommt teils von Indien, teils vom Rufiyi-Gebiet, Sorghum und Chooko (auch der via Sansibar importierte) fast ausschliefslich aus Deutsch-Ostafrika. Der Grund dafür, dafs eine so reiche Insel wie Mafia nicht einmal den eigenen Nahrungsbedarf der Bewohner decken kann, scheint mir in der die natürliche Indolenz der Tropenbewohner noch fördernden Kokospalmen-Kultur zu liegen. Man holt einfach ein paar Kokos-Nüsse von den Palmen, verkauft sie an den Inder und kauft für den Erlös beim selben Inder Getreide, was viel bequemer ist als Felder zu beackern, besonders wo Flufspferde, Wildschweine und Affen den Ertrag gefährden. Aufserdem geht fast die ganze anderwärts von den Weibern besorgte Feldarbeit durch die immerhin einträglichere Mattenindustrie verloren. Es wäre also irrig, aus der reichlichen Einfuhr von

Nahrungsstoffen von aufsen (die übrigens in gleicher Weise in Sansibar stattfindet) auf ungesunde wirtschaftliche Verhältnisse zu schliefsen. Die Hebung der Kokospalmen-Kultur, die der Mattenindustrie, sowie die Erlaubnis zur Ausfuhr von Vieh wird die Mengen der Getreideeinfuhr wahrscheinlich noch bedeutend verstärken.

Zur Orientierung möge die den Gesamthandel Mafias umfassende Liste der Ein- und Ausfuhr im Zollhause Chole für **November 1894 bis November 1895** Mitteilung finden[1]:

Ausfuhr von Chole nach Sansibar:

Kokosnüsse	ca.	4 000 000 Stück	im Werte von	100 000	Rps.
Kopra	„	45 000 Engl. Pfd.	„ „ „	3 500	„
Kokos-Stricke	„	150 000 „	„ „ „	8 000	„
Matten und Ukindo			„ „ „	12 000	„
Perlmuscheln	„	200 000 „	„ „ „	3 000	„
Schildpatt	„	200 „	„ „ „	2 000	„
Sesam	„	65 000 „	„ „ „	3 500	„
Kadi-Muscheln, Wachs, Kopal u. Flufspferdzähne			„ „ „	1 000	„
				133 000	Rps.

Ausfuhr von Chole nach Deutsch-Ostafrika:

Kokosnüsse	ca.	37 000 Stück	im Werte von	11 000	Rps.
Kokosstricke	„	35 000 Engl. Pfd.	„ „ „	2 000	„
Matten, Ukindo			„ „ „	1 000	„
Getrocknete Fische			„ „ „	3 000	„
Rindvieh, 120 Stück (mit besonderer Erlaubnis ausgeführt)			„ „ „	2 000	
				19 000	„
			Dazu obiger Betrag	133 000	„
Gesamtausfuhr von Mafia				152 000	Rps.

Einfuhr von Sansibar nach Chole:

Verschiedene Artikel	ca.	76 000	Rps.
Reis, Mtaa, Chooko	„	24 000	„
		100 000	„
Einfuhr von Deutsch-Ostafrika		30 000	„
		130 000	Rps.

---

[1] Diese Liste wurde mir vom Zollassistenten Herrn Ritter in Chole freundlichst zur Verfügung gestellt.

Es ergiebt sich demnach ein Überschufs von 22000 Rps. der Ausfuhr über die Einfuhr. Man ersieht ferner aus dieser Liste, dafs nahezu der Gesamthandel Mafias sich über Sansibar bewegt, und dafs die Insel mit Deutsch-Ostafrika wirtschaftlich kaum im Zusammenhang steht. Der Vorgang ist derart, dafs die Landesprodukte, hauptsächlich Kokosnüsse und Matten, in Mafia selbst an die Inder verkauft werden, welche dieselben nach Sansibar führen. Die Kokosnüsse gehen von dort als Kopra nach Europa, die Matten werden teils im Lande verbraucht, teils nach der Somali-Küste, nach Arabien oder Indien exportiert. Nur sehr wenige Produzenten bringen ihre Produkte selbst auf den Sansibarer Markt.

Dadurch fällt der Löwenanteil des Gewinnes den Indern zu, die fast nichts im Lande verzehren, ihre Überschüsse regelmäfsig nach Indien schicken und, sobald sie genügend verdient haben, nach der Heimat zurückkehren. Europäische Unternehmungen sind in Mafia in keiner Weise beteiligt.

IV.

Der Mittelpunkt des Handels, die einzige gröfsere Niederlassung der Insel ist **Chole**. Der Ort liegt auf dem **gleichnamigen Inselchen**, das den blauen, von Segelbooten durchfurchten Fluten der Chole-Bai entsteigt und mit seinen saftig grünen Mangos, abenteuerlichen Affenbrotbäumen und den zahlreichen schlanken Kokospalmen von weitem einen reizenden Eindruck macht. Der Ort hat höchstens 2000 Einwohner, deren Hütten über das Inselchen verstreut und vielfach von Feldern und prachtvollen Mangohainen unterbrochen sind. Am dichtesten liegen die Hütten am Nordende der Insel, wo sich das massive deutsche Zollhaus, ein recht ansehnliches Gebäude, erhebt, in dem der Beamte als einziger Europäer ein einsames und doch beneidenswertes Dasein führt. In der Stadt herrschen Lehmhütten mit Palmblattdächern vor, vereinzelt sind Steinhäuser, die jedoch ebenfalls Blätterdächer haben, da flache Dächer in Mafia als ungesund gelten. Der arabische Akida, einer jener lächerlichen „Reform-Araber", die den preufsischen Unteroffizier womöglich noch übertrumpfen möchten, dabei aber meist noch gröfsere Schufte sind als ihre unverfälschten Landsleute, hat sich in blindem Eifer alle Mühe gegeben, den reizenden Ort Chole durch „Verschönerungen" zu verunstalten. Er legte mächtig breite, sich rechtwinkelig schneidende Strafsen an, auf die die Tropensonne unbarmherzig herabbrennt, und längs deren die sonst so malerischen Negerhütten als jämmerliche Lehmbuden erscheinen. Der armselige Eindruck wird noch durch magere Bananen-Stauden erhöht, die der Reformator in regelmäfsigen Abständen einpflanzen liefs.

Mit Verwunderung sieht man diese trostlosen Strafsenungetüme in einem Lande, wo es weder Wagen noch Pferde giebt, und fragt sich, wozu die Bewohner durch solche unnütze Anlagen belästigt und zu Ausgaben gezwungen werden, für welche sie so gut wie keine Entschädigung erhalten. Praktisch sind solche regulierte Orte jedenfalls nicht, und ob sie schön sind, darüber kann man auch sehr verschiedener Ansicht sein. Zum Glück ist es dem Akida nicht gelungen, ganz Chole derart zu verunstalten, und ein Trost liegt auch darin, dafs die Zeit wohl nicht fern ist, wo über die ganze Anlage — im buchstäblichen Sinne — Gras wächst. Noch giebt es in Chole echte Negerviertel mit schattigen winkeligen Strafsen, die von den Bewohnern blank gefegt werden, mit malerischen Hütten, neben welchen die Granate und der Citronenbaum gedeihen, und wo in den Veranden Weiber mit geschickter Hand Matten flechten. Viele Häuser liegen in den Feldern verstreut; sie haben alle Höfe, die mit Sorghumstroh eingefafst sind. Besonders hübsche Stellen sind die alten, teilweise erhaltenen Moscheen mit ihren Brunnen, wo das schwatzende Weibervolk Wasser schöpft. Da giebt es pyramidenförmige Scherifengräber im tiefen Schatten von Banyan-Bäumen, da alte braune Mauern, einen verwilderten Garten umfassend. Keine Ruine dürfte älter als etwa 100 Jahre sein.

Chole hat fruchtbaren roten Boden, der besonders den Mangobäumen zuzusagen scheint, die in wahrhaft riesenhaften Exemplaren dort zu finden sind. Kokospalmen liefern, wie schon oben erwähnt, nur verkümmerte Früchte.

Die Bewohner von Chole sind aufser Indern, Arabern, Shatiri und ihren Sklaven auch zahlreiche dunkelfarbige Swahili, meist Nachkömmlinge von Sklaven, die gewöhnlich Matrosen sind. Die Chole-Leute sind ein freundliches, munteres Völkchen, leicht zu behandeln und ohne anderen Wunsch, als ihren Lebensunterhalt ruhig verdienen und ihren nationalen Lustbarkeiten, Tänzen und Spielen ungestört nachgehen zu können.

Der Hafen von Chole ist der denkbar schlechteste. Die Einfahrt von Osten her ist durch Riffe und Brandung für Segelschiffe unmöglich gemacht und auch für Dampfer sehr gefährlich. Vom Westen her können Dampfer mit Ausnahme ganz kleiner Zollkreuzer überhaupt nicht einlaufen und müssen meilenweit bei Jibondo ankern. Auch gröfsere einheimische Segelschiffe, besonders die zweimastigen indischen und arabischen Kotias wagen kaum jemals die schmale Einfahrt in die Chole-Bai, die selbst für kleine Dhaus gefährlich ist und sehr ortskundige Führung erfordert. Während meines Aufenthaltes in Chole scheiterten zwei Dhaus bei der Einfahrt, und Unglücksfälle gehören dort keineswegs zu den Seltenheiten. Dabei besteht die Zollvorschrift, dafs alle Mafia anlaufenden Dhaus, auch die, welche im Norden der Insel Kokosnüsse einladen, nach Chole zur Verzollung kommen müssen. Der Dhauverkehr vor dem Zollhaus Chole ist daher ein sehr lebhafter. Da sind vor allem die Segelboote, die den Verkehr in der Chole-Bai hauptsächlich mit dem gegenüberliegenden Utende vermitteln, ferner vergeht wohl kein Tag, wo nicht eine oder mehrere Dhaus aus Sansibar oder Kilwa mit Trommelklang und Jubelgeschrei der Mannschaft in den Hafen einlaufen. Mit dem Aus- und Einladen, dem Kalfatern und Ausbessern der Dhaus vergehen oft Tage und Wochen, welche die Mannschaft gern in dem freundlichen Chole zubringt. 20—30 Dhaus sind im Hafen von Chole keine Seltenheit. Die meisten derselben fahren unter deutscher, andere unter englischer und Sultansflagge.

Durch einen schmalen, von Mangroven eingesäumten Meeresarm, welcher bei Ebbe trocken fällt, ist die Insel Juani von Chole getrennt. Der Verkehr mit Chole findet nur zu Fufs bei Niedrigwasser statt. Die Chole-Leute pflegen in Juani ihr Feuerholz zu holen, die ca. 400 Bewohner von Juani beziehen alle ihre Bedürfnisse von Chole und betrachten ihre Dörfer gewissermafsen als Vororte der kleinen Hauptstadt. Die Insel Juani ist nach der Hauptinsel die gröfste der Mafia-Gruppe. Sie besteht fast ganz aus steinigem Korallenland, das mit dichtem niedrigen Buschwerk bewachsen ist, in dem zahlreiche Affen, Wildschweine, Zwergantilopen, Perlhühner, Ratten und Pythonschlangen ihr Wesen treiben. Die Ostküste ist felsig und unzugänglich. Die Westküste besitzt einen breiten Gürtel hoher Mangroven, durch welche die dahinter liegenden Dörfer den Blicken fast ganz verhüllt werden. Auf der ganzen Insel giebt es nur einen guten Brunnen, Kisima cha Jumbe, gegenüber der Insel Chole. Er hat einen cylinderischen Durchschnitt, massive Steineinfassung und zeigt Überreste einer früheren Quertrennung durch eine Mauer, die angeblich den Brunnen in eine Abteilung für Freie und eine für Sklaven trennte. Beim Brunnen liegen einige Hütten. Der Hauptort der Insel liegt etwas weiter nördlich hinter Mangroven versteckt, mit etwa 60 ärmlichen Hütten und einem Brunnen mit fast ungeniefsbarem Salzwasser. Nördlich von Jambe liegen die Sorghum-Felder der Bewohner. Kokos-

palmen gedeihen auf Juani nur schlecht, Mangos sieht man keine.
Das nördlichste Dorf der Insel ist Jambe mit einem Dutzend Hütten,
deren Bewohner teils aus der Kisima cha Jumbe, teils, bei gutem
Winde vom Festlande, von Mafia ihr Trinkwasser holen. Die Juani-
Leute behaupten Shirazi zu sein, sind aber wohl nur Wambwera.
Der östliche Teil der Insel ist unbewohnt.

Interessant sind auf Juani die Ruinenstätten, besonders jene
von Kua. Diese liegt am Strande, südlich vom Kisima cha Jumbe,
der jedenfalls der Brunnen des Ortes war, und ist in dichtem
Gestrüpp verborgen. Das auffallendste an dem grofsen Ruinenfeld
sind feste Bruchsteinmauern, die mehr oder weniger grofse, viereckige
freie Plätze umfassen. Es ist zweifellos, dafs im Innern derselben
früher Lehmhütten gestanden haben, wie man dies heute noch in Chole
findet. Daneben giebt es auch einige steinerne Wohngebäude und
drei Moscheen. Besonders auffallend ist ein stockhohes, mächtiges
Gebäude mit viereckigem Aufbau und wohlerhaltenen Stuben, die
mit viereckigen weifsen Korallenquadern gedeckt sind. Auch an den
Thürpfosten und den Einlagestellen der hölzernen Querbalken findet man
behauene Steine. Von Holz ist an sämtlichen Gebäuden keine Spur
mehr zu sehen, und es zeugt für die Solidität der Bauart, dafs die
Decken sich doch erhalten haben, obwohl oft förmliche Wälder von
Vegetation auf ihnen wuchern. Der Grund liegt teilweise darin, dafs
hier, wie bei sämtlichen shirazischen Bauten, nur Kalk und Sand
ohne Lehmbeimischung als Bindemittel dienten. In den Moscheen findet
man nett behauene Gebetnischen in sarazenischem Stil, bei Wohn-
häusern in den Stein gemeifselte Nischen, die als Gestelle für Lampen
u. s. w. dienten. Die Spuren eines harten Verputzes sind vielfach
zu sehen. Wie alle ostafrikanischen Ruinen, so enttäuschen auch
diese durch die gänzliche Schmucklosigkeit und den völligen Mangel
jeglicher künstlerischer Bauart. Weder an den Gebäuden noch bei den
wenigen Gräbern konnte ich, trotz eifrigen Suchens, irgend eine Inschrift entdecken.

Kua stammt jedenfalls aus der shirazischen Zeit. Es wird von
portugiesischen Schriftstellern aus dem 17. Jahrhundert erwähnt und
war jedenfalls lange Jahre die Hauptstadt von Mafia, bis sie zu Anfang des 19. Jahrhunderts, anläfslich des Einfalles der Sakalava, gänzlich
aufgegeben wurde. Doch sollen schon vorher viele Familien nach
Chole gegangen sein, da der bei Kua auf Meilen trocken fallende
Strand die Schiffahrt allzusehr erschwerte.

Bei Jambe auf Juani liegt ebenfalls die Ruine einer kleinen
shirazischen Moschee mit Kabla (Gebetnische) aus behauenen Steinen,

deren Form fast an die gotische erinnert. Jetzt sind in dem alten Gemäuer, zu dem man durch dichtes Gestrüpp gelangt, allerlei Topfscherben angehäuft und Zeugfetzen befestigt; die Ruine wird als Sitz eines bösen Geistes (Mzimu) betrachtet. Die Furcht vor diesem hindert auch die Eingeborenen, den daneben befindlichen alten Brunnen zu reinigen.

Wenn man die Leute nach den Erbauern dieser alten Gebäude fragt, so nennen sie die „Wadébuli", ohne über die Herkunft dieses Stammes etwas sagen zu können. Auch in Sansibar und an verschiedenen Küstenplätzen wurde mir von diesem sagenhaften Volk der Wadébuli, auch Déburi oder Debri, erzählt. Nicht nur ältere shirazische Bauten und besonders Brunnen, sondern auch solche, die sich nach unserer Erkundigung als ganz jungen Datums erweisen, werden von der Landbevölkerung ausnahmlos den Wadébuli zugeschrieben. Ich konnte bisher über die Herkunft dieses Stammes nichts erfahren; man stellt sich unter dem Namen jedenfalls ein mohamedanisches Volk vor. Ein sehr belesener Mwalim (Schullehrer) in Chole behauptete, dafs damit indische Baumeister aus Diu und Daman gemeint seien. Mit den Portugiesen haben die Wadébuli jedenfalls nichts zu thun; diese sind allgemein unter dem Namen Wareno (von reino port. das Reich) bekannt.

Nördlich von Juani liegt die kleine Koralleninsel Miewi, ein buschbewachsener Fels, auf dem viele Ratten und Pythonschlangen vorkommen, und der von den Eingeborenen als Sitz böser Geister gemieden wird.

Obwohl ziemlich weit entfernt, mufs die Insel Jibondo doch als direkt zu Chole gehörig betrachtet werden und daher an dieser Stelle Erwähnung finden. Sie liegt auf demselben Riff wie Juani und Chole. Da dieses Riff bei Niedrigwasser völlig trocken fällt, so kann man zeitweise trockenen Fufses von Jibondo über Juani nach Chole gelangen. Doch erfordert dies einen sehr kundigen Wanderer, da spitze Korallen und tiefe Salzwassertümpel das Vorwärtskommen erschweren und das rasche Steigen der Flut leicht Gefahr bringen kann. Im allgemeinen vollzieht sich der Verkehr zwischen Jibondo und Chole per Boot. Das dreieckige Eiland Jibondo hat fast überall steile, unterwaschene Korallenküsten. Das Dorf, in dem sich nur wenige Kokospalmen erheben, liegt in ziemlich öder Gegend im Westen der Insel. Von dort führt ein Pfad durch steiniges Buschland nach den Feldern der Eingebornen, die sich hauptsächlich am Westufer und im Innern ausdehnen. Gebaut wird Sorghum, Hülsenfrüchte und etwas Maniok. Auf der Düne des Westufers gedeihen schöne Kokospalmen, die jedoch auch hier, wie auf allen kleinen Inseln Ostafrikas, nur verkümmerte

Früchte liefern. Ein grofser Teil der Insel ist Korallenland mit unwegsamem Gestrüpp. Der gröfste Nachteil Jibondos ist dessen Wasserlosigkeit, welche die Eingeborenen zwingt, ihr Trinkwasser im Kanoe meilenweit von Kegeani auf Mafia zu holen. Zur Regenzeit benutzen sie das von den Dächern der Hütten abträufelnde Wasser, bei stürmischem, regenlosen Wetter bekommen sie jedoch oft vier Tage kein Wasser.

Jibondo hat ca. 250 Einwohner, dunkelfarbige, wohl den Wambwera stammverwandte Swahili, die sich selbst Shirazi nennen, und ihre Sklaven, welch' letztere die Mehrheit bilden. Sie leben schon seit undenklichen Zeiten auf Jibondo und sind wohl die Nachkommen jener „Mauren", von welchen die Portugiesen berichten. Die Jibondo-Leute waren bis vor wenigen Jahren als Seeräuber berüchtigt. Heute sind sie friedliche Fischer und Seeleute. Ihre Hütten haben meist keinen Lehmverputz, sondern nettgeflochtene Kokosblatt-Wände. Sie besitzen eine Koran-Schule, die von 20 Schülern besucht wird. Der Ackerbau wird meist von Sklaven besorgt; diesen liegt auch die Obhut über die wilden Ziegen ob, die zwar kein Wasser zu trinken bekommen, aber doch gut gedeihen. Ihre einzigen Feinde sind die Pythonschlangen.

Auf Jibondo liegt die Ruine einer kleinen shirazischen Moschee, welche für älter als die Gebäude von Kua gehalten wird. Östlich vom Dorf liegt auch zwischen Gestrüpp ein alter versiegter Brunnen. Die Bewohner wollten einmal in demselben nach Wasser graben und beriefen dazu einen Zauberdoktor. Derselbe liefs Ziegen beim Brunnen schlachten und befahl, dafs kein Stück von deren Fleisch ins Dorf gebracht werden solle. Beim Graben stiefs man erst auf zahlreiche Topfscherben, die bewiesen, dafs der Brunnen jahrelang benutzt worden war. Hierauf aber begann Salzwasser durchzusickern, weshalb der Zauberdoktor behauptete, dafs doch ein Stück Fleisch ins Dorf gelangt sein müsse und das weitere Graben aufgab. Wahrscheinlich wäre man jedoch nach Zumauern der Salzwasseradern weiter unten auf das Süfswasserbecken gestofsen, aus welchem die früheren Bewohner ihr Wasser schöpften. Überhaupt ist es zweifellos, dafs Bohrversuche auf der grofsen Insel Jibondo trinkbares Wasser zu Tage fördern würden.

Aufser Chole, in Verbindung mit welchem die Inseln Juani und Jibondo besprochen wurden, besitzt Mafia keinen gröfseren Ort. Utende und Marimbani bestehen nur aus verstreuten Landgütern, deren Mittelpunkte Inderläden bilden. Ein solcher liegt auch bei Kipandeni an der Mündung des Flusses. Ein Dorf mit etwa 50 Hütten ist Kipingwi an dem gleichnamigen Mangrovenarm. Dort führen einige lichtfarbige Shatiri ein ziemlich faules Phäakenleben; ihr Oberhaupt, eine reiche alte Frau, Namens Binti Hemedi, läfst von ihren Sklavinnen besonders hübsche Matten fertigen. Sie wohnt im gröfsten Gebäude des Ortes, einem Lehmziegelbau mit Palmblätterdach. Mchangani und Mlola sind kleine Wambweradörfer. Am Wege von Kipingwi nach Kirongwe trifft man auf kein Dorf, sondern nur auf Landsitze, deren drei, Mkalangama, Kipora und Upenja Steinmoscheen und steinerne Wohnhäuser haben. Letzteres ist das Gut des intelligenten Shatiri Sherif Saïd Omar.

Auch in Kirongwe kann von einem Dorfe kaum die Rede sein; das Wohnhaus des Arabers Mohamed bin Saïd, ein Lehmziegelbau, und die Inderläden liegen in den Shamben verstreut. Am mangrovenreichen Strand bei Kirongwe lag früher die Ruine des angeblichen portugiesischen Forts Jojo, von welcher auch die letzte Spur verschwunden ist. Dagegen liegt weiter nördlich, beim Orte Msikitini die Ruine einer Moschee, die den shirazischen Habitus mit behauenen Steinen und Spitzbogen-Eingängen zeigt. Natürlich wird sie von den Eingeborenen den Wadebuli zugeschrieben. Wirkliche Dörfer bewohnen die Wambwera des Nordens von Mafia. Das gröfste ist Bweni, das sich langgestreckt am Strande hinzieht; kleinere sind Kidakuli, Mnari, Kanga. Alle haben ärmliche Lehmhütten. Inderläden giebt es nördlich von Kirongwe keine mehr.

An der äufsersten Nordspitze der Insel, dem Ras Mkumbi, erhebt sich der Leuchtturm. Er ist eine massive, viereckige, rot und weifs angestrichene Säule, an welche sich beiderseits freundliche Wächterwohnungen anschliefsen. Er wurde vom Baumeister Hendricks 1892 nur mit einheimischen Arbeitern (Wambwera) errichtet. Als Wärter dient ein intelligenter Barawa-Araber, der die Lampe und den Turm musterhaft in Ordnung hält und mit zwei Swahilileuten dem anstrengenden Wachdienst obliegt. Von der Höhe des Turmes geniefst man einen prachtvollen Blick auf die offene See mit der wilden Brandung auf den Riffen und im Süden auf das weite, buschbewachsene Korallenland von Mafia, in dessen dunklem Ton die Baumeuphorbien und Baobabs lichtere Inseln bilden.

Im Nordosten und im Innern der Insel sind die Ansiedelungen in den Pflanzungen verstreut und verdienen keine besondere Beschreibung. Eine Ausnahme bildet Tireni, das Landgut des mehrfach erwähnten Salim bin Saïd, das nach seinem Tode übrigens zerstückelt wurde und mehrfach die Besitzer gewechselt hat. Sein Wohnhaus, ein Steingebäude, erhebt sich auf der Höhe der Rampe, an derem Hang zwei treffliche klare Quellen entspringen. Von den Fenstern geniefst man einen prachtvollen Blick auf die See und als Vordergrund auf den üppigen Garten, den Salim in dem schmalen Vorland am Fufs der Rampe angelegt hat. Die zierliche Areka-Palme und Pemba-Kokos wechselt hier mit dunkellaubigen Mangos und grofsblättrigen Brotfruchtbäumen. In diesem Garten erbaute Salim eine Moschee mit zierlich geschnitzten Thürbalken und Pfosten. Die Moschee, die vor ca. 25 Jahren errichtet wurde, ist aber bereits eine Ruine mit eingestürzter Decke, im tiefen Schatten der Mangos vergraben. Auch das Wohnhaus, in dem besonders die Decke aus ziegelförmigen Korallenquadern, offenbar eine Nachahmung der shirazischen Bauten von Kua, auffällt, wird wohl nächstens einstürzen und dient nur den Termiten als Wohnort. Nach 10 Jahren werden die Wambwera der Umgebung die Bauten wahrscheinlich den „Wadébuli" zuschreiben.

Im Süden der Insel giebt es nur vereinzelte Landgüter mit kleinen Hüttenkomplexen. Ein geschlossener Ort findet sich blofs am Südwestkap, Kisimani Mafia. Das Dorf liegt an der Mündung eines Flusses, in welchem Dhaus bequemen Schutz und Ankerplatz auf sandigem Boden zwischen Kokospalmen finden. Es hat ca. 200 Einwohner, arabische Mischlinge und deren Sklaven. Am Strande liegen einige Ruinen, die einzigen in diesem Teile der Insel und mit der Moschee bei Msikitini überhaupt die einzigen noch erhaltenen alten Baureste auf Mafia. Die Ruinen bei Kisimani bestehen aus undefinierbarem Bruchstein-Gemäuer und aus zwei Brunnen, deren einer behauene Steine zeigt. Alle Reste weisen auf starke Küstenverminderung, andere sollen schon in der See versunken sein. Nach der Tradition war die Niederlassung auf Kisimani älter als jene von Kua. Sie ist sicherlich shirazischen Ursprungs. Der Ort wurde jedenfalls aus Furcht vor den Einfällen der afrikanischen Küstenbewohner aufgegeben. Denn an sich ist Kisimani ein ungleich günstigerer Platz zur Anlage einer Stadt als Chole. Sämtliche Segelschiffe, sowohl die von Chole wie die aus dem Süden kommenden, müssen bei Kisimani vorbeikommen und halten sich fast stets über Nacht dort auf. Fahrzeuge, die von Sansibar aus Reisen nach dem Süden unternehmen, liegen oft zu Ausbesserungen tagelang im Flufs von Kisimani.

    Jibondo na Mafia
    Kisimani ndio njia
    Ya kupita zombo pia

(Bei Jibondo und Kisimani Mafia müssen alle Fahrzeuge vorbeikommen) sagt ein altes Schifferlied.

Es ist begreiflich, dafs ein solcher Dhauverkehr an einem von jedem Zollamt gänzlich abgelegenen Ort den Schmuggel begünstigen mufs. Dieser Umstand, sowie die vielen Vorteile, welche Kisimani gegen Chole bietet, liefsen die Frage schon mehrfach anregen, ob die Verlegung des Zollamts von Chole nach Kisimani nicht praktisch wäre. Das einzige, was man gegen Kisimani einwenden kann, ist, dafs Dampfer der grofsen Wassertiefe halber dort nicht ankern können. Aber selbst wenn man wirklich bei näherer Untersuchung keinen Ankerplatz vor Kisimani finden sollte, ist es doch immer besser, dafs die Dampfer vor dem kleinen Zollamt unter Dampf anhalten müssen, als wenn sie, wie bei Chole, überhaupt gar nicht dahin gelangen können. Die Verlegung des Zollamtes von Chole nach Kisimani wäre daher in jeder Hinsicht empfehlenswert. Die Frage, ob der Handel von Chole sich dann nach Kisimani verlegen wird — was übrigens wahrscheinlich ist — ist dabei nebensächlich. Denn, da die Osteinfahrt der Chole-Bai für Segelschiffe der Eingeborenen gänzlich unzugänglich ist, so mufs doch der ganze Schiffsverkehr von Chole unbedingt bei Kisimani vorbeikommen.

V.

Gegenüber Kisimani Mafia und zwischen diesem Kap und dem Festlande liegt die Insel Bwejuu (das Boydu der Seekarte). Dieselbe ist eine langgestreckte ostwestlich verlaufende Sandbank, die von Dünenwällen durchzogen ist und nur an der Westküste Spuren von Korallenkalk zeigt. Sie ist mit hohen Kasuarinen bedeckt, in deren Zweigen verwilderte Haushühner leben. Auch Ratten giebt es zahlreich auf Bwejuu. An der Ostseite liegt ein Fischerdorf mit ca. 30 Hütten zwischen einigen Kokospalmen, die jedoch nur schlecht gedeihen.

Die Insel war wohl von jeher zeitweilig bewohnt, eine ständige Ansiedlung besteht aber erst seit ca. 10 Jahren, wo einige Suri-Araber sich dort niederliefsen und den Brunnen gruben, der brackiges, aber geniefsbares Wasser liefert. Sonst haust noch allerlei Swahili-Volk auf dieser einsamen Sandbank. Alle Bewohner leben vom Fischfang, den sie in grofsen und kleinen Fahrzeugen mit Netzen, Angeln und Reusen betreiben, die sie auf dem Riff bei der Insel anbringen. Die gefangenen Fische trocknen sie im Dorf, das wahrhaft höllische Düfte von Haifischthran und trockenen Fischen ausstrahlt. Daneben treiben sie noch Ackerbau, pflanzen etwas Mais, Sorghum, Tomaten, Hülsenfrüchte und Eierfrucht. Maniok und süfse Kartoffeln gedeihen auf der Insel nicht. Die Bewohner fühlen sich auf ihrer Sandbank, die noch dazu immer kleiner wird, anscheinend recht wohl; sie trinken fleifsig sogenanntes Kölnerwasser und andere Schnäpse, die aus Sansibar eingeschmuggelt werden.

Südlich von Mafia, an Jibondo anschliefsend zieht sich eine Gruppe kleiner Inseln längs der Küste hin. Die nördlichste, nahe beim Ende des Jibondo-Riffes gelegen, ist die Sandbank Kitutia, die von zahllosen glänzenden Seemöven belebt ist, jedoch keine Vegetation hat. Einige Kasuarinen gedeihen auf der flachen, sandigen Insel Ukuza. Sie besitzt etwas Korallengestein, hat kein Trinkwasser und dient manchmal Fischern als vorübergehender Anfenthalt. Sonst hausen darauf nur Ratten. Simaya, das näher am Festland gelegen ist, hat einen ähnlichen Charakter, trägt jedoch mehr Korallengestein und hohe Affenbrotbäume. Auf Kisiva nyuni (Kisiva cha nyuni, Vogelinsel) wachsen keine Kasuarinen, sondern nur niedriges Gestrüpp. Die Insel ist steinig und hat teilweise hohe, unterwaschene Ufer. Sie wird ebenfalls zeitweilig von Fischern bewohnt. Kimborwe ist felsig und beherbergt gleich Kisiva nyuni Ratten und Pythonschlangen.

Die Hauptinsel dieser Gruppe ist Songo-Songo, das als Songo schon in der älteren Geschichte öfter genannt und bald als Wohnung von Mauren, bald von Kaffern bezeichnet wird. Es ist ein langgestrecktes nordwest-südöstlich verlaufendes Eiland, mit felsiger Südwest- und sandiger Nordostküste. Im Norden von Songo-Songo, und mit ihm durch eine bei Ebbe trockenliegende Sandbank verbunden, liegt das kleine sandige, kasuarinenbewachsene Inselchen Pumbavu. Gegenüber davon legte der Araber Salim bin Saïd am Strande von Songo-Songo eine Kokospflanzung an, deren Palmen hier vorzüglich gediehen, aber nur verkümmerte Nüsse liefern, so dafs sie heute einigen dort lebenden Fischern preisgegeben sind. Der nördliche Teil der Insel besteht aus einem sandigen Plateau mit Buschvegetation und Dumpalmen. Die Felder der Eingeborenen, in welchen Mais und Hülsenfrüchte gebaut werden, sind der Ziegen halber mit Dornzäunen umgeben. Neben diesen Feldfrüchten wird auch der Wurzelstock einer Pflanze Kunzuru gegessen. Der mittlere Teil der Insel ist Korallenland, in dessen Schluchten sich eine natürliche Cisterne als einziger Brunnen der Insel findet. Unweit desselben liegt am Strande eine ganz verfallene shirazische Moscheeruine. Noch im Korallenland ist das Hauptdorf Maweni im Innern der Insel angelegt. Im sandigen Strandgebiet des Südens, zwischen prachtvollen Kasuarinen, einzelnen Kokos- und Papayabäumen trifft man auf die Dörfer Makondeni, Kisuni und Pembeni. Im ganzen hat die Insel etwa 300 Einwohner, die behaupten, mit den Jibondo-Leuten stammverwandt zu sein. Sie sind dunkelfarbig und lieben in ihrem Äufseren nichts auffallendes. Ihre Dörfer sind ärmlich, die Wände der Hütten aus Palmblättern geflochten. Sie erkennen als Oberhaupt einen Jumbe, der in Maweni residiert. Früher hatten sie von Räubereien arabischer Sklavenhändler viel zu leiden. Songo-Songo beherbergt aufser Ratten kein Wild. Die Eingeborenen halten Geflügel und Kleinvieh. Früher kamen auch verwilderte Rinder auf der Insel vor, sie sind aber vor einigen Jahren ausgestorben.

Südlich von Songo-Songo liegen die Kiruani-Felsen. Auf der langgestreckten kleinen Insel Süd-Fanjove, die felsig und mit Busch bewachsen ist, erhebt sich ein Leuchtturm. Süd-Fanjove bildet das äufserste Eiland der Mafiagruppe im Süden. Wir werfen aber noch einen Blick auf die kleinen Inseln im Norden der Hauptinsel.

In Sicht nördlich von Mafia liegen die kleinen unbewohnten und wasserlosen Inseln Nyororo (Halskette), Shungu mbili (Zweischopf, nach zwei Baumgruppen so benannt) und Barakuni (Brennholzland). Nyororo ist ähnlich wie Bwejuu völlig sandig, auf Shungu mbili wie Barakuni steht etwas Korallengestein an. Auf allen drei Inseln gedeihen Busch und Kasuarinen, leben Ratten und verwilderte Haushühner, die den Geistern geweiht sind. Die Eilande werden vorübergehend von Fischern bewohnt.

Ständige Bewohner dagegen besitzt wohl schon seit Jahrhunderten die Insel Koma, ein rundes Eiland, das kaum in Sicht der afrikanischen Küste, gegenüber von Kifmangao liegt. Der Name Koma soll von Ukoma (Aussatz) herkommen. Nach der Tradition kamen zwei Shirazi-Brüder in alter Zeit nach Kisiju, wo sie einen Ort gründeten, dessen Ruinen und Gräber heute noch erhalten sind. Einer der beiden wurde in Kisiju vom Aussatz ergriffen und übersiedelte nach Koma, wo er genas.

Koma ist rings von Mangroven umschlossen, hinter welchen das Korallenland sich 2—3 m hoch erhebt, und hat nur an der Nordseite offenen, sandigen Strand, bei dem die Dhaus anzulegen pflegen. Mit Ausnahme eines kleinen sandigen Streifens an der Nordwestseite ist das ganze Land steinig, jedoch nicht unfruchtbar. Baobabs giebt es nur wenige, überhaupt wenige Bäume; die Palmen des Dorfes sind von allen Punkten der Insel sichtbar. Das Dorf hat etwa 50 Hütten im Swahili-Stil, zu deren Bau sowohl das Holz als auch die Palmblattbedachung (meist aus Dumpalmenblättern) im Boot vom Festland geholt werden mufs. Der Ort ist reinlich gehalten, die Hütten sind mit Vorhöfen aus hohem Sorghum-Rohr versehen, innerhalb deren

Kokospalmen, Granatäpfelbäume, Bananen und zierliche Suffibäume gedeihen. Auf den freien Plätzen sind Ruhebänke angebracht. Bei der kleinen Moschee im Dorf liegt ein schlechter, salziger Brunnen; der gute Brunnen hingegen liegt etwa 100 Schritte aufserhalb des Dorfes, gegen das Nordwestufer zu. Er ist nicht tief und mündet nach unten in ein geräumiges Korallenfelsbecken, wo sich stets reichlich klares Süfswasser findet, dessen Stand von den Gezeiten unabhängig ist. Ein anderer Brunnen mit ebenfalls gutem Wasser liegt in sandigem Boden am Nordwest-Kap, wird jedoch wenig benutzt.

Unweit des erstgenannten Brunnens ist im dichten Buschhain eine shirazische Ruine versteckt. Sie ist der Überrest eines massiven Wohngebäudes mit Bruchsteinmauern und behauenen Thüren. Es hat keine Fenster, jedoch hübsche Nischen in sarazenischem Stile mit behauenen Steinen. Unweit davon liegen zwei Gräber mit Mauereinfassung; sie trugen früher Grabsteine mit arabischen, jedoch für die Eingeborenen unleserlichen Inschriften. Einer derselben wurde angeblich 1889 von einem englischen Blockadedampfer, der andere vom Gouverneur von Scheele gelegentlich der Unruhen in Kilwa fortgenommen. Die Eingeborenen schreiben die Bauten den „Wadébuli" zu.

Bis vor etwa 70 Jahren lebten die Eingeborenen um den Brunnen in der Nähe des Gebäudes, bei dem sie noch heute ihre Toten beerdigen. Als später von Arabern und Wagunyas Sklavenraub getrieben wurde, zogen sie sich nach der jetzigen Stelle zurück, wo der nahe Mangrovengürtel ihnen Zuflucht bot. Früher gab es mehr Menschen auf Koma, bis vor etwa 40 Jahren eine Krankheit (Genickstarre) viele dahinraffte. Jetzt leben wohl nicht viel mehr als etwa 200 Leute auf Koma. Sie nennen sich selbst Shirazi und behaupten ursprünglich aus Jibondo zu stammen, doch sind sie ein Gemisch von Küstenleuten, Einwanderern aus Mafia und Hinterlandsklaven, meist schon seit Generationen ansässig. Mit den Kwale-Leuten sind sie verschwägert. Sie sind fast alle Seeleute und kommen als Dhau-Schiffer ziemlich weit im Indischen Ocean herum. Dagegen sind die Weiber recht scheu und ergreifen bei Annäherung eines Europäers meist entsetzt die Flucht.

Die Koma-Leute pflanzen Sorghum, dessen Felder den gröfsten Teil der Insel bedecken; daneben auch Sesam und Mais. Sie halten Hühner, Enten und Tauben, Ziegen und einige Schafe, sowie 20 kleine, aber gesunde Rinder. Letztere leben immer im Freien; für die Ziegen werden Gerüste gebaut, auf welche sie nachts getrieben werden, da das Stehen im Regen und Mist Fufskrankheiten erzeugen soll.

Grofse Pythonschlangen fangen manchmal kleine Ziegen, aber mehr Schaden richten die Ratten an, die sogar die Kokospalmen erklettern und an den Nüssen nagen. Ameisen giebt es auf Koma nicht so viele wie auf Kwale, aber sehr viele Achatina-Landschnecken. Mangobäume gedeihen auf der Insel nicht, auch Kokospalmen liefern nur verkümmerte Früchte.

Die Verfassung Komas ist eine republikanische. Präsident der Republik ist augenblicklich ein Schullehrer, welcher den Kindern die Lehren des Koran beibringt, in der Moschee vorbetet und die Trauungen vollzieht. Die halbe männliche Bevölkerung Komas ist fast immer auf See, die übrigen widmen sich dem Ackerbau und Fischfang; die Weiber mahlen Mehl und flechten Matten. Läden giebt es auf der Insel keine; alle Bedürfnisse, die das Land nicht hervorbringt, werden von der Küste oder durch Schiffer von Sansibar eingeführt.

Auf demselben Riff wie Koma und zur Ebbezeit von dort zu Fufs erreichbar, liegen die kleinen, mit niedrigem Busch bedeckten Koralleninseln Pembe juu (Aufsenkap). Der äufserste Fels heifst Kijibwe mtu. Er gilt als versteinerte Frau, die gegen das Verbot am Neujahrstag in der Brandung baden ging und mit dem Kinde auf dem Rücken zur Strafe versteinert wurde; fast dieselbe Sage wird von dem Felsen Mwana Tunguja bei Pangani erzählt.

Nördlich von Koma liegt die unbewohnte, wasserlose Insel Hatamburwa. Der Name soll soviel wie Hatajwa, die Unaussprechliche, bedeuten, weil es nicht gut ist, von dieser riffumgebenen Insel zu sprechen, bevor man an ihr vorbei ist. Die „Unaussprechliche" hat unterwaschene Korallenufer und ist mit Gestrüpp bedeckt, aus dem einige hohe Bäume hervorragen. Zahlreiche Reiher und Störche hausen auf derselben.

Gegenüber der Festlandsküste bei Kisiju und von dieser durch einen Meeresarm mit starker Nordströmung getrennt, liegt die Insel Kwale. Der Name bedeutet „Rebhuhn"; dieser Vogel soll früher auf der Insel häufig gewesen sein, weshalb sie Kisiwa cha kwale, Rebhuhn-Insel genannt wurde. Kwale hat ost-westliche Hauptrichtung und ist etwa dreimal so lang als breit. Im Westen hat die Insel ein flaches, sandiges Vorland (Fungum), auf welchem die Zollstation und das Dorf liegen, daran schliefst sich östlich ein mehrere Meter hohes, gegen die See steil abfallendes Korallenplateau, um dessen Fufs sich ein Mangrovengürtel zieht. Besonders charakteristisch für Kwale sind die mächtigen Affenbrotbäume (Baobabs), die in wahrhaft riesenhaften Exemplaren über die ganze Insel verstreut sind. Im

Sandgebiet gedeihen noch schöne Mangobäume und wächst Gestrüpp von buschigen Euphorbien, deren Saft von Fischern zum Betäuben der Fische benützt wird. Das Korallenplateau ist ziemlich steinig, jedoch keineswegs unfruchtbar, sondern von rotem Humusboden überzogen. Das Land ist mit Sorghumfeldern bedeckt, zwischen welchen die Baobabs und einzelne Mangos und Tamarinden aufragen. Kokospalmen kommen auf Kwale nur sehr schlecht fort, es finden sich auf der ganzen Insel nur etwa ein Dutzend Exemplare, da die Saatnüsse einer Made (angeblich der Larve eines Nashornkäfers) zum Opfer fallen. Auch Kürbisse und andere Gemüsearten leiden unter Raubinsekten. Wilde Tauben und Perlhühner kommen besonders zur Sorghum-Reife ziemlich viele nach Kwale, aber Rebhühner, wonach doch die Insel ihren Namen hat, giebt es jetzt keine mehr. Berüchtigt ist die ungeheure Masse von Ameisen; eine gröfsere, ziemlich bissige Art kommt auf dem Plateau vor, und zwingt die Leute, sich beim Ackern die Beine mit Zeug zu umwinden, von einer kleineren wimmelt es im Sandgebiet. Auch Termiten sind sehr häufig.

Kwale besitzt zwei Brunnen, von welchen der eine, im Dorf gelegene, ganz salziges, nur allenfalls zum Kochen verwendbares Wasser liefert. Der andere liegt auf dem Plateau, ist sehr tief und führt trinkbares, nur leicht salziges Wasser. Er wurde wahrscheinlich in der Shirazi-Zeit angelegt und lag Jahrzehnte lang verschüttet, während welcher Zeit die Kwale-Leute ihr Trinkwasser vom Festland bei Kisiju holen mufsten. Endlich kam ein Inder auf den Gedanken, planmäfsig nachgraben zu lassen, was auch schliefslich zum Ziele führte. Die ursprüngliche Anlage des Brunnens wird den „Wadébuli" zugeschrieben. Von diesen sollen auch einige Steinbauten und Gräber herstammen, die man am Westende der Insel, unweit der Zollstation trifft. Erkennbar ist eine kleine, sehr verfallene Moschee, die an shirazische Bauten erinnert. Daneben findet man gut erhaltene Gräber mit zinnenförmigen Mauerumfassungen und einzelnen behauenen Steinen und andere, die nur durch eine eingesenkte Steinplatte oder ein Brett als solche erkennbar sind. Letztere schreiben die Eingeborenen ihren Vorfahren zu. Es finden sich nur wenige beschriebene Steine, von welchen nur einer eine Jahreszahl (1663) trägt und den Namen Munyishummu bin Munyishomari nennt, also zweifellos einem Swahili angehörte.

Das Dorf Kwale besteht aus etwa hundert Hütten mit grauen Lehmmauern und Makulidächern, mit Veranden und Höfen, die von hohem Sorghumstroh eingefafst sind. Grofse und kleine Hütten liegen in malerischer Unordnung durcheinander, überragt von mächtigen

Affenbrotbäumen. Von „monumentalen Gebäuden" giebt es nur eine kleine Steinmoschee, die etwa 100 Jahre alt ist, und verfallenes Gemäuer einiger besserer Wohnhäuser. Die Bewohner von Kwale waren vor der Wiedereröffnung des Brunnens wenig zahlreich und bestanden hauptsächlich aus, den Koma- und Jibondoleuten stammverwandten, der Wambwera-Gruppe nahestehenden Swahili. Dann bekamen sie starken Zuzug von der Küste, hauptsächlich von Wandengereko. Heute ist die Bevölkerung mit den Sklaven, die meist aus dem Hinterland von Kilwa stammen, eine recht gemischte und dürfte ca. 500 Seelen zählen. Fast alle freien Männer sind Seeleute; die Kwale-Matrosen haben einen guten Ruf, und viele tüchtige Nahoza (Dhauführer) haben ihre Wohnung auf Kwale. Auch während ihres zeitweiligen Aufenthaltes auf der Insel betreiben die Männer nur Fischfang.

Der Ackerbau bleibt ausschliefslich den Frauen und Sklaven überlassen, die schon frühmorgens nach dem Korallenplateau ausziehen und fleifsig die Hacke führen. Aufserdem flechten sie sehr hübsche Matten, zu welchen der Ukindo vom Festland geholt wird. Ein Araberkrämer besitzt einen kleinen Laden, zwei Hindu leben als Zollagenten auf der Insel. Das Oberhaupt der Kwaleleute ist ein Jumbe, dem neuerdings ein amtlich eingesetzter Akida zur Seite steht. Beide sind sehr harmloser Natur, wie denn überhaupt die Kwaleleute ein fröhliches, leichtlebiges Volk sind. Besonders die zahlreichen Strohwitwen, die sich abends schäkernd beim Brunnen versammeln und dann singend mit ihren Thonkrügen auf dem Kopfe nach dem Dorfe ziehen, bieten ein Bild der glücklichsten Heiterkeit.

Am Westende der Insel liegt zwischen hohen Affenbrotbäumen das Zollhaus, ein wohnliches, den Seewinden von allen Seiten zugängliches Gebäude, in welchem ein deutscher Zollassistent (zur Zeit meiner Anwesenheit Herr Paul Ziegenhorn) und ein Hinduschreiber ihren Dienst versehen. Das Leben auf Kwale ist allerdings etwas einsam für den deutschen Beamten, doch geniefst er dafür den Vorteil, in gesundem Klima zu sein. Kwale ist nur Seewinden ausgesetzt und fast völlig fieberfrei. Es ist auffallend regenarm und hat fast gar keinen Morgentau. Dabei hat es tägliche Verbindungen mit der Küste, von wo frischer Proviant geholt werden kann, und fast tägliche Verbindung mit Dar es Salaam und Sansibar, welche Konserven und Getränke liefern. Wenn man auf der luftigen Veranda des Zollhauses sitzt und auf die See mit ihren grünen Inseln und dem fernen Saume des Festlandes blickt, so kommt man schliefslich zur Erkenntnis, dafs der Zollassistent in Kwale einer der beneidenswertesten Menschen ist. Er ist dies umsomehr, als er genügende Arbeit hat, um vor Langeweile geschützt zu sein, denn abgesehen von dem täglichen Lokalverkehr nach Kisiju und Koma müssen auch alle Fahrzeuge von den kleinen Küstenplätzen Kifmangao und Msindaji zur Verzollung Kwale anlaufen. Aber auch fast sämtliche Holzschiffe von Simba-Uranga, sowie die aus dem Süden kommenden Segler laufen fast ausnahmslos Kwale an, um sich zu verproviantieren und einige Ruhetage zu gönnen. Viele Schiffer haben ihre Familie in Kwale, andere, besonders die Sansibariten, finden in den obenerwähnten freundlichen Strohwitwen eine starke Anziehungskraft. So liegen denn immer große und kleine Segelschiffe vor Kwale, und die Verzollung sowie die Erfüllung der Bestimmungen der Brüsseler Akte bezüglich des Sklavenhandels geben dem Zollamt mancherlei Arbeit.

Auf demselben Riff wie Kwale und zur Trockenzeit zu Land erreichbar, liegen die beiden Inseln Chokaa. Sie haben unterwaschene Felsufer mit tiefen Klüften und Spalten. Oben wuchert auf dem Korallenfels dichtes Gestrüpp mit allerlei Fettpflanzen und Schlinggewächsen, darunter auch Baumeuphorbien, die es auf Kwale nicht giebt. Beide Inseln Chokaa wurden früher von den Kwale-Leuten bebaut. Heute gelten sie als Sitz des Teufels Pepo ya Rewa, der nachts in feuriger Wolke von Hatamburwa und Pembe juu herüberkommt. Außer dem bösen Geist, dem man Topfscherben u. dergl. als Opfergaben darbringt, haust auf den einsamen Inseln noch eine wahnsinnige Sklavin, die von Krabben und wilden Früchten lebt, manchmal auch einen Bündel Mangrovenholz ins Dorf bringt und ihn gegen Sorghum eintauscht. Sie soll ihr Kind suchen, das vor Jahren nach Sansibar verkauft wurde, und irrt deshalb schreiend im Mangrovengebüsch und auf dem Korallenfels Tag und Nacht umher.

Die nördlichste Insel der Mafiagruppe ist Nord-Fanjove, ein flaches, wasserloses Eiland, mit Kasuarinen und Buschvegetation, auf dem zahlreiche Ratten leben. Auf dem Riff bei Nord-Fanjove finden sich besonders schöne Seeschnecken, deren Gehäuse über Kwale exportiert werden. —

Wenn wir, diese Beschreibung der Mafiagruppe schließend, noch einen Blick auf den wirtschaftlichen Wert des Landes werfen, so läßt sich vor allem von der Hauptinsel Mafia behaupten, daß sie ein schönes, vielversprechendes Stück der deutschen Kolonie ist. Zwar hat Mafia nicht die überwältigende tropische Üppigkeit Pembas oder auch nur Sansibars. Dafür aber hat sie einen unermeßlichen Vorteil vor diesen Inseln: den des gesünderen Klimas. Denn wenn Mafia und Chole auch keineswegs malariafrei sind, so gehören sie doch zu den gesündesten Gebieten Ostafrikas. Mafia hat freilich nicht so fetten roten Boden wie die beiden nördlichen Inseln, aber sie ist wasserreich, und ihr Sandboden ist wie geschaffen für die Kulturpflanze, welche den Reichtum des Landes bildet: die Kokospalme. Durch diese Kultur, durch Viehzucht und leichte Beschaffung von Arbeitskräften ist Mafia bezüglich der Landwirtschaft ungleich besser daran als Sansibar und Pemba, wo das Fallen der Gewürznelkenpreise und der Arbeitermangel es den Engländern nur durch systematisches Augenzudrücken in der Sklavenfrage ermöglicht, die eingeborenen Pflanzer über dem Wasser zu halten.

Mafia war bisher ein Stiefkind der vielbeschäftigten ostafrikanischen Kolonialverwaltung und blieb, ein abgetrennter Zweig des ungeheuren Distrikts Kilwa, so ziemlich der Paschawirtschaft eines farbigen Akida preisgegeben. Es muſs mit Freuden begrüſst werden, daſs der Gouverneur von Wiſsmann von Anfang an der Insel seine Aufmerksamkeit zulenkte und im Begriffe ist, einschneidende Änderungen in der Verwaltung von Mafia vorzunehmen.

Was die kleineren Inseln, besonders Kwale, Koma und Songo-Songo anbelangt, so haben dieselben an sich kaum einen wirtschaftlichen Wert, könnten jedoch ihres köstlichen Seklimas halber als Erholungsstationen für die im fieberigen Küstengebiet des Festlandes Ermatteten von Nutzen sein.

Bemerkungen zu den Karten.

Die Aufnahme der Karten von Mafia und den kleineren Inseln war dadurch vereinfacht, daſs die englische Seekarte eine zuverlässige Grundlage bot, welche astronomische Bestimmungen überflüssig machte. Da auſserdem die Inseln fast ganz flach sind und keine beherrschenden Aussichtspunkte haben, so waren trigonometrische Aufnahmen ebenfalls nahezu ausgeschlossen; die topographische Arbeit beschränkte sich auf eine sorgfältige Routenaufnahme, welche durch zahlreiche Peilungen kontrolliert und in die Seekarte eingepaſst wurde.

Die Routenaufnahme wurde nach der im Wiener militärgeographischen Institut üblichen Methode ausgeführt, welche ich in meiner Publikation „Topographische Aufnahmen auf Reisen" (Mitteilungen aus deutschen Schutzgebieten, Bd. VII, Berlin 1894) eingehend beschrieben habe. Die Routenschleifen zeigten gute, innere Übereinstimmung. Barometrische Höhenmessungen erwiesen sich als unnötig, da die Niveau-Unterschiede auf der Insel so gering sind, daſs sie innerhalb der Fehlergrenzen dieser Messungen fallen.

Pierer'sche Hofbuchdruckerei Stephan Geibel & Co. in Altenburg.

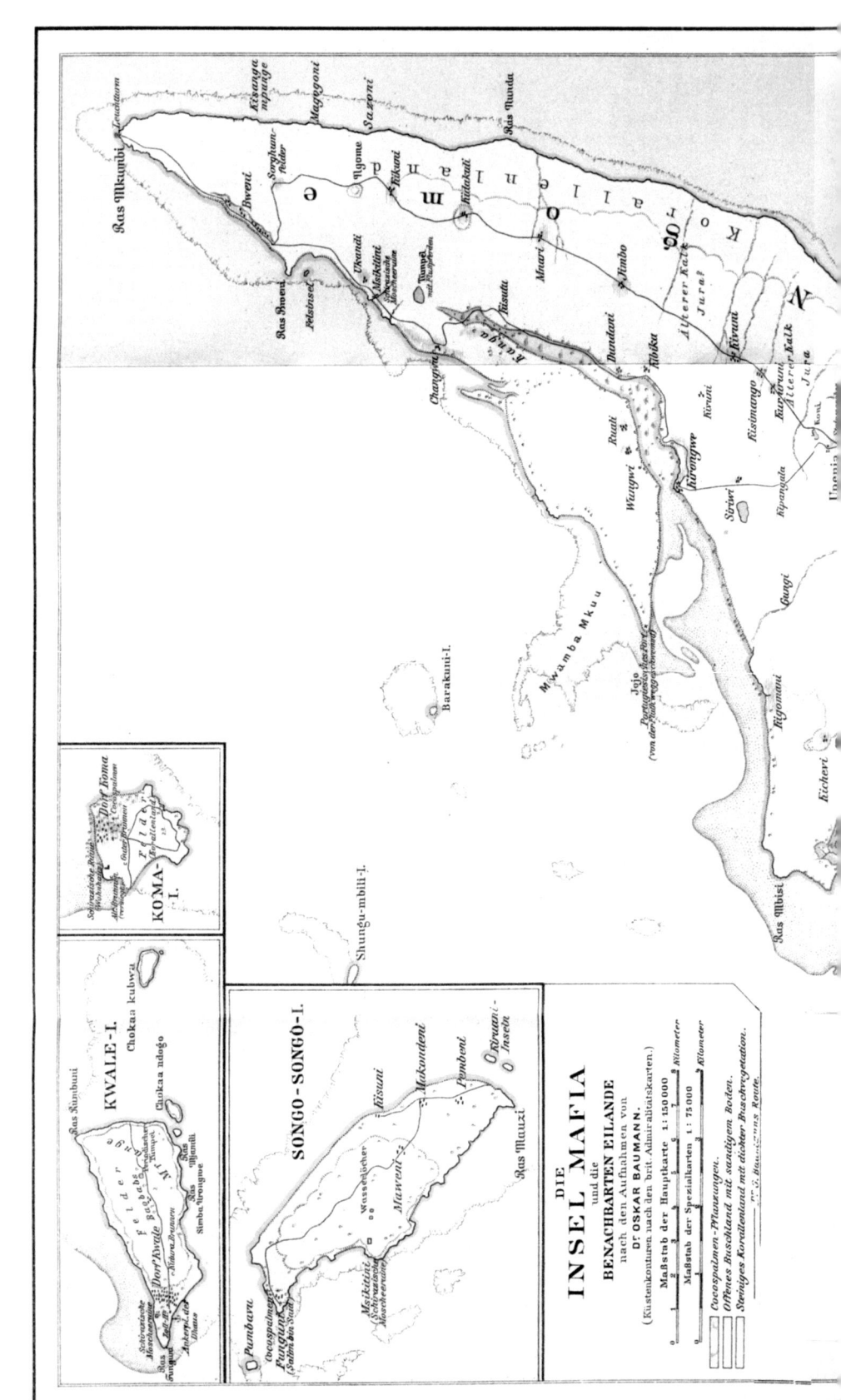

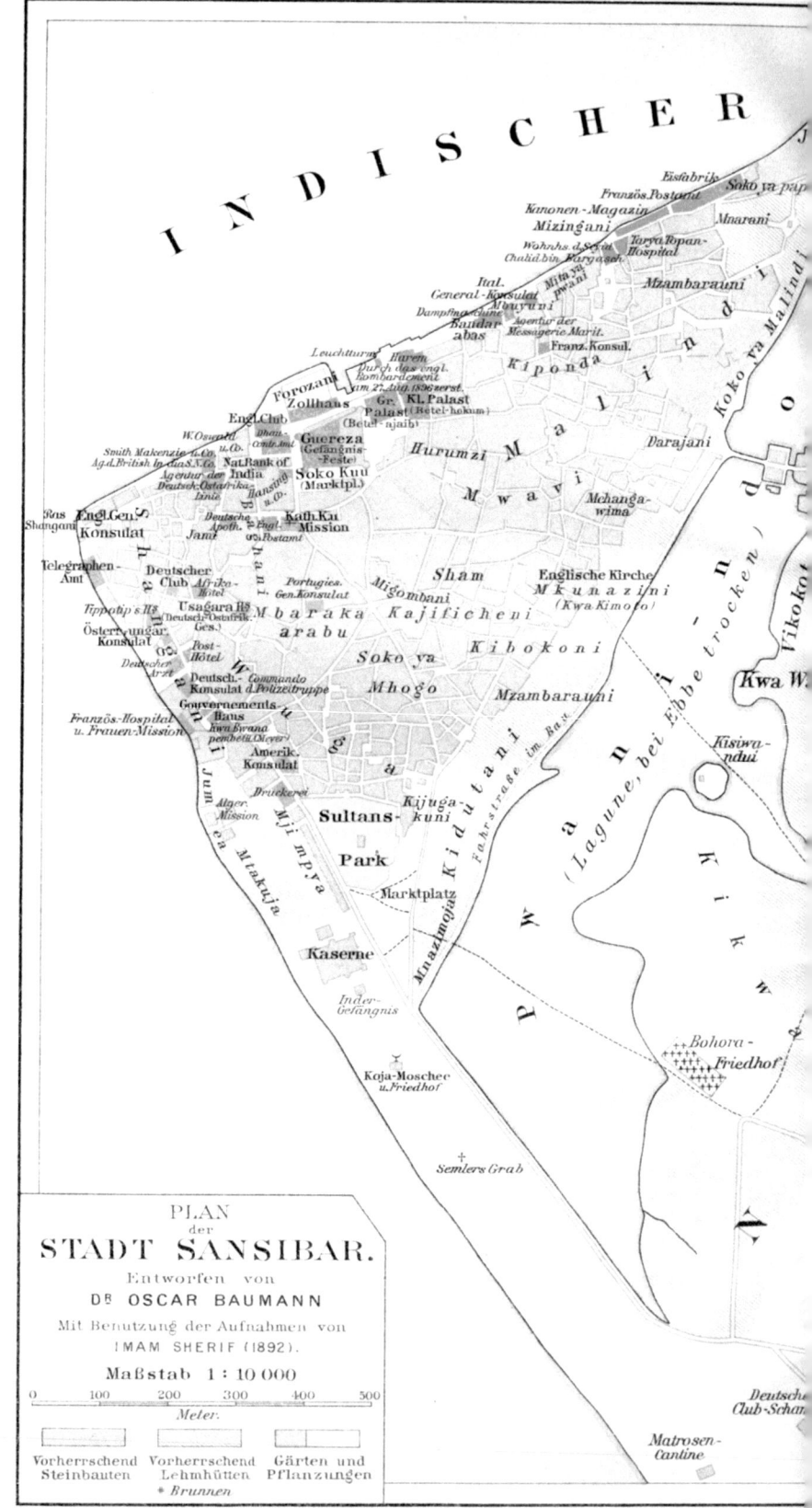

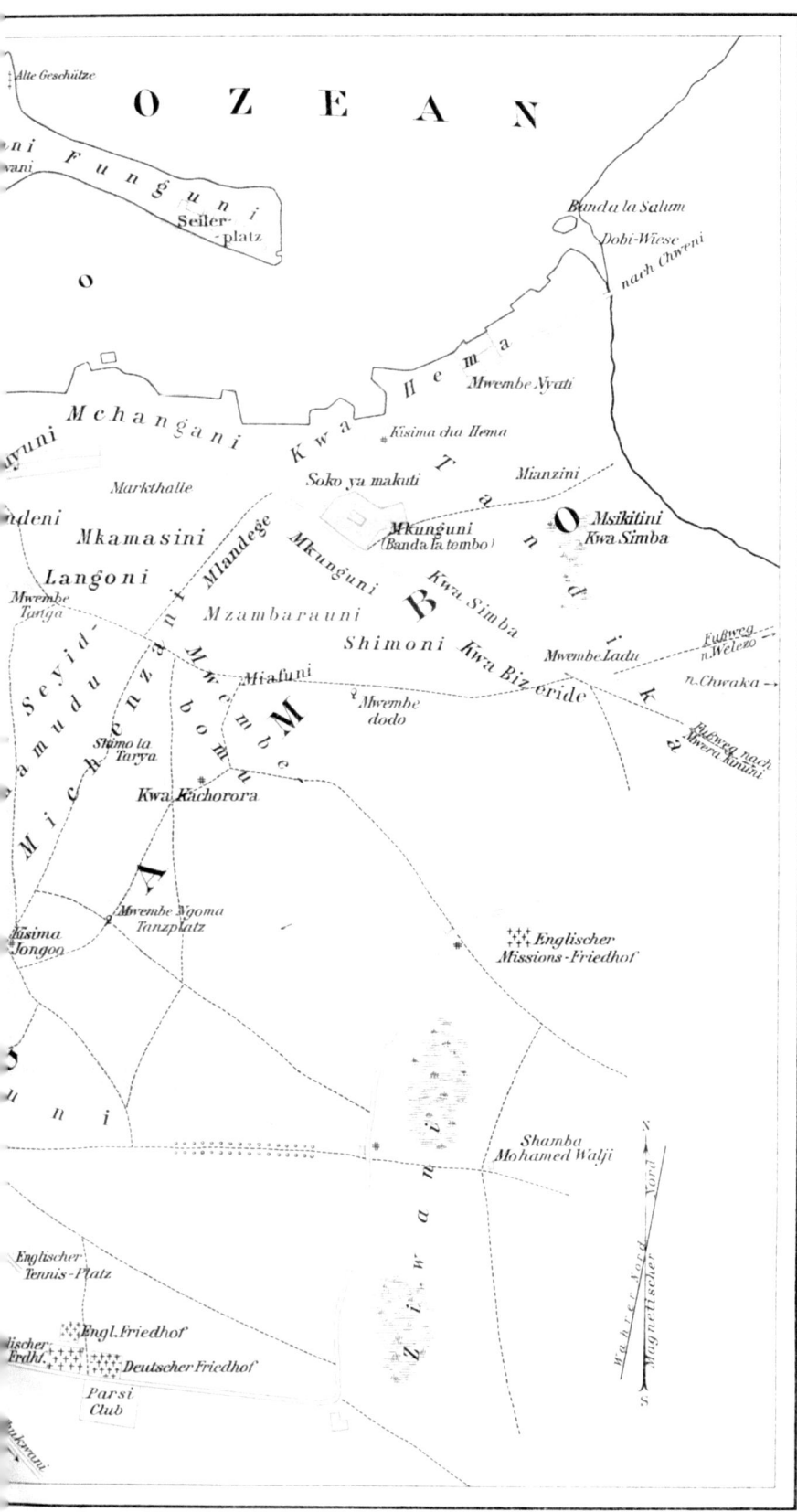

DER
SANSIBAR-ARCHIPEL.

ERGEBNISSE
EINER MIT UNTERSTÜTZUNG DES VEREINS FÜR ERDKUNDE
ZU LEIPZIG 1895/96 AUSGEFÜHRTEN FORSCHUNGSREISE
VON
Dr. OSCAR BAUMANN.

ZWEITES HEFT.

DIE INSEL SANSIBAR UND IHRE KLEINEREN NACHBAR-INSELN.

MIT EINER ORIGINALKARTE DER INSEL UND EINEM PLANE
DER STADT SANSIBAR.

LEIPZIG,
VERLAG VON DUNCKER & HUMBLOT.
1897.

Alle Rechte vorbehalten.

Pierer'sche Hofbuchdruckerei Stephan Geibel & Co. in Altenburg.

II.

DIE INSEL SANSIBAR

UND IHRE KLEINEREN NACHBARINSELN.

VON

Dr. OSCAR BAUMANN.

Vorwort.

Die nachstehende Beschreibung der Insel Sansibar macht auf Vollständigkeit keinen Anspruch. Es wäre nicht möglich, die Bedeutung dieser Insel in dem engen Rahmen einer Abhandlung zu erschöpfen: die Mannigfaltigkeit der Bewohner allein würde Bände erfordern, falls man versuchen wollte, auf die ethnischen Eigentümlichkeiten der zahlreichen hier vertretenen Stämme Afrikas und Asiens einzugehen. Auf die ausführliche Würdigung Sansibars als Hafen- und Handelsplatz sowie auf die Schilderung der Stadt überhaupt wurde hier weniger Gewicht gelegt, da vorzügliche Autoren, von Guillain, Burton und Kersten an bis auf die neuere Zeit, darüber schon viel veröffentlicht haben.

Eingehender wurde die Darstellung der Insel versucht, soweit ich Gelegenheit hatte, diese auf zahlreichen Streifzügen kennen zu lernen. In dieser Hinsicht mag die Abhandlung hauptsächlich als Begleitwort zur Karte dienen, in welcher der Hauptwert der Publikation zu suchen ist. Es soll damit keineswegs gesagt sein, daſs die Karte sich etwa der Vollkommenheit auch nur nähert. Im Gegenteil möchte ich gerade die Nachsicht der Europäer Sansibars, für die die Karte wohl das nächste Interesse hat, an dieser Stelle anrufen. Wer von ihnen beim praktischen Gebrauch im Lande die Karte unvollständig findet, der möge bedenken, daſs die Karte kein Werk eines topographischen Bureaus, sondern die mühsame Arbeit eines Einzelnen ist, der unmöglich sämtliche Pfade der Insel ablaufen und alle die zahllosen Namen von Landgütern einzeichnen konnte.

Für die Karte bildete die englische Admiralitätskarte eine vorzügliche Grundlage, die die Küsten der Insel mit gewohnter Zuverlässigkeit darstellt, so daſs höchstens einige kleine Ungenauigkeiten in den Benennungen verändert werden muſsten, die durch die Unkenntnis der aufnehmenden Seeoffiziere in der Landessprache ihre leichte Erklärung finden. Die Darstellung des Innern der Insel ist auf der Seekarte rein schematisch und offenbar nur nach Erkundigungen skizziert. In die durch die Küstenlinie der Seekarte gegebene Basis wurden die einzelnen Routen im Innern der Insel eingetragen.

Die Aufnahmen beruhen hauptsächlich auf sorgfältigen Routenaufnahmen. Peilungen konnten in dem vegetationsreichen und an charakteristischen Punkten armen Lande fast nur zur allgemeinen Orientierung gemacht werden. Von der Benutzung der barometrischen Höhenmessungen wurde fast ganz abgesehen, da die Insel so geringe Niveau-Unterschiede hat, daß sie nicht selten in die Fehlergrenzen der Beobachtungen fallen. Für die Schreibart der Namen wurde die Steeresche Swahili-Orthographie angewandt.

Für den Plan der Stadt Sansibar diente eine Aufnahme als Grundlage, die von indischen Bautechnikern für das Sansibar-Government ausgeführt wurde und besonders in den von Europäern bewohnten Vierteln recht genau ist. Sie enthält jedoch keinerlei Terrain und fast gar keine Namen, die sämtlich auf dem hier veröffentlichten Stadtplan nachgetragen werden mußten. Die einheimischen Namen der Viertel erscheinen hier zum erstenmale auf einem Plane von Sansibar verzeichnet. Bei ihrer Auswahl mußte eine Beschränkung stattfinden, da es unmöglich war, die sämtlichen zahllosen Namen anzuführen, mit welchen die Eingeborenen jeden Gebäudekomplex und jeden Winkel unterscheiden. Überhaupt soll der Plan zur allgemeinen Orientierung und nicht zu Bau- oder Katasterzwecken dienen; daher wurde auf detaillierte Wiedergabe jeder einzelnen Baulichkeit verzichtet.

Die mühsame Arbeit der Korrektur der Karten und des Textes hat mein Freund Dr. Hans Meyer in meiner Abwesenheit vom Verlagsort übernommen, wofür ihm auch an dieser Stelle mein herzlichster Dank ausgesprochen sei.

Sansibar, im Januar 1897.

Dr. **Oscar Baumann.**

Inhaltsverzeichnis.

                                                Seite

I.
Der Name der Insel — Historisches 7

II.
Gestalt und Größe der Insel — Geologischer Bau — Westküste — Ostküste — Kulturgebiet — Flüsse — Anhöhen — Erdpyramiden — Korallenland — Einsturztrichter und Höhlen — Klima — Vegetation — Tierwelt 11

III.
Bewohner — Wahadimu — Watumbatu — Sklavenbevölkerung — Komorenser — Araber — Inder — Goanesen — Mischlinge 18

IV.
Handel Sansibars — Gewürznelken — Kokospalme — Zuckerrohr — Andere Kulturpflanzen — Viehzucht — Fischerei 27

V.
Einzelbeschreibung der Insel — Die Stadt Sansibar — Chweni — Mwanda — Mkokotoni — Nungwe — Die Nordostküste — Chwaka — Bwejuu und Padye — Makunduchi — Kizimkazi — Pete — Unguja ukuu — Hatajwa — Chukwani — Die Straße quer durch die Insel — Welezo und Masingini — Mwera — Dunga — Uzini — Tunguu 30

VI.
Die kleinen Inseln — Tumbatu — Die Inseln vor der Stadt Sansibar — Die Gruppe von Kwale — Uzi — Mnemba — Schlußwort 42

Karten.

Die Insel Sansibar. Nach den Aufnahmen von Dr. Oscar Baumann. (Küstenkonturen nach den Britischen Admiralitätskarten.) Maßstab 1 : 200,000.

Plan der Stadt Sansibar. Entworfen von Dr. Oscar Baumann. Mit Benutzung der Aufnahmen von Imam Sherif (1892). Maßstab 1 : 10,000.

I.

Von den Inseln, die die Ostküste des tropischen Afrika begleiten, ist Sansibar zweifellos die bekannteste. Während Pemba und Mafia als entlegene und selten besuchte Eilande bezeichnet werden müssen, die nur als Plantagengebiete von einer gewissen Bedeutung sind, hat Sansibar einen Welthafen, den Stapelplatz für weite Gebiete des mittleren Afrika. Dieser Umstand, seine politische Bedeutung als Residenz eines Fürsten, dessen Reich sich von Mozambique bis zum Kap Guardafui erstreckte, die Rolle, die Sansibar als Ausgangspunkt der grofsen Forschungsexpeditionen nach Central-Afrika spielte und nicht zum wenigsten der diplomatische Kampf, der in neuerer Zeit um den Besitz dieser Insel zwischen Deutschland und England entbrannte und mit dem Siege des letzteren endete, hat dazu beigetragen, den Namen Sansibar zu einem vielgenannten zu machen.

Man sollte glauben, dafs eine so berühmte Insel, auf der die ausgezeichnetsten Forscher sich Wochen und Monate lang aufhielten, zu den besterforschten überseeischen Gebieten gehört. Dies ist jedoch auffallenderweise nicht der Fall: so zahllos und fast stets gleichlautend die Schilderungen der Stadt Sansibar in der Litteratur zu finden sind, ebenso selten findet man etwas über die Insel, und eine planmäfsige Bereisung derselben war thatsächlich noch niemals ausgeführt worden. Nicht viel besser steht es mit der Kartographie der Insel: zwar die Küstenlinie ist durch die englische Admiralitätskarte festgelegt, doch vom Innern giebt es nur ganz rohe Skizzen, die kaum gröfseren Wert als den von Erkundigungen haben.

Der Name Sansibar, unter dem die Insel und Stadt heute allgemein bekannt sind, wird von Zendj-bar (Land der Schwarzen) abgeleitet, welche Bezeichnung die Araber ursprünglich dem ganzen tropischen Ostafrika beilegten, bis sie später, mit der wachsenden Bedeutung der Insel, auf diese übertragen wurde. Die Eingeborenen nennen Stadt und Insel stets Unguja, ein Swahili-Wort, das von Ungu-jaa abgeleitet wird, was soviel wie einen vollen, also in diesem Falle bevölkerten Raum bedeutet[1]. Eigentlich kommt der Name der Insel zu,

---

[1] Ungu = begrenzter Raum, ist ein jetzt ungebräuchlicher Ausdruck, für den meist Kiwanja gebraucht wird (von Ku-jaa, voll sein).

und die Stadt wird Mji ya Unguja (Stadt von Unguja) oder Mjini Unguja (Unguja, Stadt) im Gegensatze zu Unguja shamba (Unguja, Land) genannt. Der Name ist recht alt; der arabische Geograph Jacut, dessen Ortslexikon im 13. Jahrhundert erschien, nennt schon eine Insel Lendguya, die zweifellos mit Sansibar identisch ist, wie auch daraus hervorgeht, dafs als Nebeninsel Tombat (Tumbatu) genannt ist. El Bakuï, dessen geographisches Werk 1403 veröffentlicht wurde, spricht von einer Insel Bandguïa, die ebenfalls unschwer mit Sansibar zu identificieren ist[1].

In der älteren Geschichte spielt Sansibar nicht jene Rolle, die man nach seiner späteren Bedeutung erwarten könnte. Ob die Insel wirklich mit dem wald- und wasserreichen Eiland Menuthesias identisch ist, das Ptolemaeus erwähnt, mag dahingestellt sein. Der Periplus, der ungefähr im Jahre 100 nach Chr. erschien, berichtet von Menuthesias, dafs es verschiedene Sorten Vögel und Schildkröten, aber keine Raubtiere aufser Krokodilen beherbergt habe. Die Eingeborenen sollen sich teils in Einbäumen, teils in genähten Canoes der Schildkrötenjagd hingegeben haben. Da es heute jedenfalls keine Krokodile auf der Insel giebt, so nimmt Guillain an, dafs darunter die grofsen Leguane (Kenge) zu verstehen seien.

Seefahrer aus Arabien und von der Benadirküste mögen schon frühzeitig Niederlassungen auf Sansibar begründet, sich mit der eingeborenen Negerbevölkerung vermischt und sie durch Zufuhr von Sklaven vom Festland vermehrt haben. Mit der Begründung des Shirazischen Reiches von Kilwa fiel Sansibar ebenfalls an dieses, scheint jedoch im 15. Jahrhundert schon eine gewisse Bedeutung erlangt und sich ziemlich unabhängig gemacht zu haben. Vasco da Gama, der am 20. April 1499 auf seiner Rückkehr von Indien die Insel besuchte, wurde dort von maurischen Kriegern gut aufgenommen. Er fand gar keine starke Bevölkerung, jedoch einen regen Handel mit Sofala und Gujerat in Gold, Calico, Wachs, Honig, Reis, Elfenbein, Ambra und Schildpatt. Aufser Kokosstricken wurden auch schöne Gewebe aus Seide und Baumwolle gefertigt. Die Insel wird als dicht bewaldet, wasser- und viehreich beschrieben und besafs einen guten Hafen, weshalb sie von den Portugiesen öfters besucht wurde. Die unangenehmen Folgen blieben für die Einwohner nicht aus. Schon 1503 kaperte Ruy Lorenzo Ravasco drei dem Sheikh von Sansibar gehörige Fahrzeuge. Als dieser Widerstand versuchte, wurde er geschlagen und zur Tributzahlung gezwungen. In den nächsten

---

[1] Siehe Guillain, Documents sur l'histoire et la géographie de l'Afrique orientale.

Jahren scheinen die Eingeborenen sich gegen die Fremdherrschaft aufgelehnt zu haben, denn 1508 wird die Stadt Sansibar von den Portugiesen erobert und geplündert. Ob diese Stadt an derselben Stelle wie das heutige Sansibar gelegen war, ist aus verschiedenen Gründen zweifelhaft.

In späteren Jahren wurde das Verhältnis des Sheikh zu den Portugiesen ein lockeres; die letzteren hielten zwar Jahrzehnte hindurch eine Faktorei auf der Insel, überliefsen aber die Eingeborenen so ziemlich sich selbst. Dieses Verhältnis entsprach dem Charakter, den die portugiesische Herrschaft in Ostafrika überhaupt hatte, denn bei dieser handelte es sich weniger um wirkliche Besitzergreifung als um eine Freihaltung des Seeweges nach Ostindien. 1522 war Sansibar allerdings noch tributär und wurde von den Portugiesen in einem Kriegszuge gegen die Kirimba-Inseln unterstützt. Als der Engländer Lancaster 1591 die Insel besuchte, fand er zwar eine kleine portugiesische Handelsniederlassung vor, doch besafs sie keinerlei Militärmacht und übte einen ziemlich beschränkten Einflufs auf die Bevölkerung aus. Der portugiesische Schriftsteller Rezende, der um die Zeit von 1635 berichtet, rechnet Sansibar nicht mehr zu den Tributär-Ländern. Der Sheikh der Insel war jedoch den Portugiesen freundlich gesinnt, die mit ihren Familien ruhig dort lebten, Pflanzungen anlegten und eine Kirche besafsen. Der Gouverneur von Mozambique hatte dort einen kaufmännischen Angestellten.

Mit dem Ende des 17. Jahrhunderts begann der Zusammenbruch der portugiesischen Herrschaft, der durch das Einschreiten der Sultane von Maskat herbeigeführt wurde. Sansibar gehört mit zu jenen Städten, die Sef bin Sultan, den Imam von Maskat, gegen die Portugiesen zu Hilfe riefen, der dann auch Mombas und den gröfsten Teil der Küste und die Inseln in den Jahren 1680—1698 eroberte und an den Küstenplätzen Statthalter einsetzte. Die inneren Wirren Maskats verhinderten dessen Beherrscher, im 18. Jahrhundert sich viel um Ostafrika zu bekümmern. Die Statthalter wurden immer mehr zu unabhängigen Satrapen, die sich untereinander bekriegten, und unter welchen das Geschlecht der Mzara in Mombas immer mehr Bedeutung gewann. Englische und spanische Seeräuber machten die Meere unsicher; unter den ersteren wird Kapitän Kitt, ein versprengter westindischer Flibustier, genannt, der auf Pemba sein Hauptquartier gehabt haben soll.

Von den Satrapen Sansibars, die meist sunitisch waren und sich wohl aus dem alten shirazischen Sheikh-Geschlechtern der Insel ergänzten, hat sich die Erinnerung an Jakuti, einen grofsen Kriegsmann, noch lebendig erhalten. Dieser vollendete das Fort, welches heute noch neben dem Sultanspalast sein braunes Gemäuer mit schwerfälligen runden Ecktürmen erhebt und von dem Satrapen Abdallah bin Jumah begonnen worden war. Die allgemein verbreitete Ansicht, dafs dieses Fort von Portugiesen erbaut sei, ist demnach unrichtig. Der Name Guereza stammt allerdings vom portugiesischen „Igreja" (Kirche), doch bedeutet dieses Wort heute auf Kiswahili überhaupt „Festung".

Die moderne Zeit beginnt für Sansibar mit dem Eintreffen des Sultans Seyid Saïd bin Sultan 1822, der von Anfang an Sansibar zum Stützpunkt seiner Unternehmungen in Ostafrika und schliefslich (1833), als seine Herrschaft durch Niederwerfung der Mzara fest begründet war, zu seiner Residenz machte. Unter seiner Regierung liefsen sich europäische Kaufleute, amerikanische, französische und Hamburger Firmen, die früher nur vorübergehend auf Schiffen Ostafrika besucht hatten, dauernd in Sansibar nieder, und England, Frankreich und Amerika errichteten Konsulate in der Stadt, die immer mehr zum kommerziellen Mittelpunkte des tropischen Ostafrika wurde.

Seyid Saïd, der als geistig hervorragende Persönlichkeit geschildert wird, starb 1856. Unter seinen Nachfolgern Seyid Majid und Seyid Bargash spielt sich die glänzende Entdeckungsperiode Innerafrikas ab, bei der Sansibar als Ausgangspunkt der erfolgreichsten Forschungsexpeditionen eine so wichtige Rolle spielte. Die letzten Jahre der Regierung Seyid Bargashs, der 1888 starb, fallen bereits in jene Epoche, wo sich die politische an die geographische Eroberung Innerafrikas anschlofs. Das Hinterland der Küste wurde für deutsches bezw. englisches Gebiet erklärt, und der Verlust der Unabhängigkeit des Sultanats war nur noch eine Frage der Zeit.

Seyid Chalifa, der 1890 starb, war der letzte unabhängige Herrscher Sansibars. Seine kurze Regierungszeit war stürmisch. An der Küste tobte der Araberaufstand, der mit der endgiltigen Besetzung des Landes durch die deutsche Schutztruppe endete. Auch im Norden, im Gebiet von Mombas und Lamu, wurde das Sultansgebiet faktisch von der englisch-ostafrikanischen Gesellschaft verwaltet. Nach dem plötzlichen Tode Seyid Chalifas bestieg Seyid Ali den Thron von Sansibar und erkannte sofort das englische Protektorat an, das nach dem Übereinkommen vom 1. Juli 1890 zwischen Deutschland und England offiziell ausgesprochen wurde. Dem englischen Grundsatz entsprechend wurde dasselbe bisher in wenig auffälliger Weise ausgeübt.

Nach den neuesten Ereignissen, die der Einsetzung des jetzigen Sultans Seyid Hamud bin Mohamed vorangingen und in der Auflehnung des Seyid Chalid bin Bargash und dem Bombardement des Palastes durch englische Kriegsschiffe am 27. August 1896 gipfelten, scheint es, als ob England einen direkten Einfluſs auf die Verwaltung Sansibars nehmen wollte. Dem Sultan ist ein aus englischen Beamten gebildetes Gouvernement beigegeben, das die Polizei-, Zoll-, Hafen- und Bauangelegenheiten besorgt und die amtliche „Zanzibar-Gazette" herausgiebt. Die Polizeitruppe besteht aus ca. 600 Mann schwarzer Infanterie unter dem Befehl eines englischen Offiziers.

II.

Die Insel Sansibar hat eine unregelmäſsig oblonge Gestalt mit einer ungefähr NNW—SSO verlaufenden Hauptrichtung. Ihre gröſste Länge von Ras Nungwe bis Ras Kisimkazi miſst 86,5 Kilometer, die gröſste Breite, einer meridionalen Linie von Chukwani nach der Ostküste entsprechend, 37,5 Kilometer; der Flächeninhalt von Sansibar mit den unmittelbar anliegenden Küsteninseln beträgt 1522 Quadratkilometer, die Insel ist also etwas gröſser als das Herzogtum Sachsen-Altenburg[1].

Sansibar muſs als eine Koralleninsel bezeichnet werden. Zwar finden sich an verschiedenen Stellen ältere Kalke, doch reicht deren Alter nicht über die Tertiärzeit hinaus; sie sind jedenfalls der Überrest eines alten Wallriffes der afrikanischen Küste, das den Kern zu weiteren Korallenbauten in recenter Zeit bildete. Solche älteren Kalke finden sich im Norden der Insel bei Mkokotoni und wurden von Stuhlmann am Grunde eines Brunnens auf Tumbatu nachgewiesen; ferner kommen sie zwischen Mzini und der Ostküste, am Hatajwahügel, bei Pete vor, und dürften noch an andern Stellen im Liegenden vorhanden sein. An der Küste tritt häufig Kalksandstein auf; andere Gesteine als Kalke und deren Verwitterungsprodukte finden sich nirgends.

Es ist wahrscheinlich, daſs Sansibar ursprünglich aus zwei, vielleicht selbst aus drei gröſseren Eilanden bestanden hat, die durch Meeresstraſsen von einander getrennt waren. Der Verlauf einer dieser Meeresstraſsen ist noch sehr deutlich durch die vielfach versumpfte Senkung bezeichnet, die von der Chwakabucht ununterbrochen bis zum Uzi-Kanal reicht und beiderseits in tiefeinschneidende, seichte Meeresarme ausgeht. Eine andere, weniger scharf ausgeprägte, aber doch deutlich wahrnehmbare Senkungslinie zieht sich in meridionaler

---

[1] Die von Behm und Wagner angegebene Zahl von 1591 qklm. beruht auf der Ausmessung einer älteren Seekarte, die in der Fläche neunmal kleiner ist als die neue Seekarte, welche der diesem Band beigehefteten Karte zu Grunde liegt.

Richtung an der Kombenibai bis zur tief eingeschnittenen Lagune von Mwanda hin und ist von den Bächen Mwera und Zingwe-Zingwe durchflossen.

Einen sehr verschiedenen Charakter von der Ostküste trägt die Westküste der Insel. Die letztere dem Sansibar-Kanal zugekehrte Küste ist ziemlich reich an Buchten und besitzt meist nur ein schmales Strandriff, so dafs sich nahe am Ufer gröfsere Wassertiefen finden. Dagegen ist sie von einem deutlich ausgeprägten Wallriff begleitet, dessen Gipfel als eine Kette kleiner, der Küste vorgelagerter Inseln über die Meeresoberfläche aufragen; unter diesen ist Tumbatu im Norden die ansehnlichste. Auf den Inseln sowohl als auch längs der Küste ist Atollbildung häufig. Besonders schöne Beispiele hierfür liefert das Gebiet der Stadt Sansibar mit der Lagune und die ähnlich geformte Lagune von Mwanda. Die Westküste ist im allgemeinen leicht zugänglich, schroffe Korallenabstürze treten nur stellenweise bis ans Ufer. Überall ist eine ziemlich kräftige Küstenverminderung wahrnehmbar.

Ein ganz verschiedenes Bild bietet die Ostküste, die dem vollen Anprall des indischen Ozeans ausgesetzt ist. Sie ist gänzlich ungegliedert, nur die seichte Bucht von Chwaka bietet Schiffen von geringem Tiefgang eine Zuflucht. Die Küste ist von einem mächtigen Strandriff begleitet, das bei Ebbe trocken fällt und an seinem Aufsenrand von einer wütenden Brandung bestürmt wird. Ein Wallriff fehlt hier, auch die Insel und das Riff von Mnemba ist durch eine zu tiefe Meeresstrafse von der Hauptinsel getrennt, um als Wallriff betrachtet werden zu können. Die Ostküste der Insel ist überall schwer zugänglich und fällt nicht selten in rauhen unterwaschenen Steilwänden zur See ab.

Ihrer physischen Beschaffenheit nach zerfällt die Insel Sansibar in zwei scharf getrennte Hälften: das Kulturgebiet und das Korallenland. Das Kulturgebiet nimmt die Westhälfte der Insel ein. Es ist durch das Auftreten von Hügelzügen bezeichnet, die meist meridional verlaufen und (im Masingini-Berg) Höhen von 135 m erreichen. Sie schliefsen Niederungen von grofser Fruchtbarkeit ein, die nicht selten stellenweise sumpfig und von Wasserläufen durchzogen sind. Überhaupt zeigt sich in diesem Teil ein grofser Reichtum an fliefsenden Gewässern. Abgesehen von mehreren kleinen, jedoch ständigen Bächen, die in den Randhöhen nördlich von der Stadt entspringen, um nach kurzem Lauf in die See zu münden, finden sich hier auch gröfsere Wasserläufe.

Die Hauptader der Insel ist der Mwerafluss, der in einem Papyrussumpf Popo entspringt und als seichtes, klares, von prachtvollen Wasserpflanzen eingesäumtes Gewässer gegen Süden strömt, bis er sich bei der Stelle Kibondeï Mzungu in einer leicht sumpfigen Wiese verliert. Man behauptet, daſs der Mweraflufs in den starken Quellen des Chukwani-Palastes wieder zu Tage tritt, doch ist es wahrscheinlicher, daſs er irgendwo in der Nähe von Kiwani einen unterseeischen Ausfluſs hat. In demselben Papyrussumpf Popo nimmt auch der Zingwe-Zingwe seinen Ursprung, der in seinem Oberlauf zur trockenen Zeit aus einer Kette von Tümpeln besteht, aber später mehrere ständige Bäche, darunter bei seiner Mündung den ansehnlichen Mwanakombo, aufnimmt. Der Zingwe-Zingwe mündet in die Mwanda-Lagune. Einen besonderen Reichtum an Bächen hat der Distrikt Mkokotoni, wo mehrere ziemlich tief eingeschnittene ständige Gewässer, darunter der Kipange, münden.

Die Anhöhen Sansibars zeigen fast alle den Habitus von Bodenschwellungen mit meridionalem Verlauf und fallen nur selten etwas steiler ab. Eine Ausnahme bilden einige charakteristisch geformte Hügel auf der Nordhalbinsel: der Berg von Mkokotoni mit seinem steilen, in einem felsigen Hang abstürzenden Nordabfall und der Hatajwa-Hügel auf der Südwesthalbinsel, ein einzelner buschgekrönter Felsblock, der weithin als Landmarke dient und durch seine Höhlen interessant ist.

Der Boden des Kulturgebietes ist meist aus tiefgründigen Alluvialmassen gebildet, die, aus Verwitterung des Korallenkalkes entstanden, teils eine rote lehmige, teils eine grüne sandige Beschaffenheit haben; von diesen ist nur die erstere Gattung zur Nelkenkultur geeignet. Anstehendes Gestein tritt nur selten zu Tage, und wo dies der Fall ist, nimmt das Land meist einen dem Korallenland ähnlichen Charakter an.

Eine für das Kulturgebiet bezeichnende Erscheinung ist das Auftreten von Erdpyramiden, die sich unweit des Strandes südlich der Stadt und etwas landeinwärts nördlich von dieser, bei der Lokalität Magengeni, unweit von Bububu, finden. An beiden Orten liegen sie in Thälern, die einen schmalen Ausgang haben und sich am Ende zu einem fast kreisförmigen Cirkus mit steilen Wänden ausweiten. Dieser ist mit den eigenartigen Erosionsgebilden angefüllt, die sich teils gardinenförmig an den Wänden aufbauen, teils in der Mitte der Sohle erheben. Sie bestehen an beiden Orten aus einem harten sandigen Lehm. Der Stein, der gegen die allmählig fortschreitende Erosion schützte, und dem die Gebilde ihre Entstehung verdanken, ist bei den kleineren Pyramiden noch sichtbar, während er bei den gröſseren meist schon abgefallen ist. Die Erosion und damit die Bildung neuer Pyramiden schreitet sehr rasch fort. Auch an anderen Thalhängen der Insel findet man die Neigung zur Bildung von kleinen Erdpyramiden.

Das Korallenland nimmt die ganze Osthälfte der Insel und den gröfsten Teil des Südens, jenseits der Uzi-Chwaka-Senkung ein. Es trägt nur geringe Erhebungen, ist jedoch von Terrainstufen durchzogen, die frühere Strandlinien bezeichnen. Oberirdische fliefsende Gewässer fehlen. Das gröfstenteils flache Land ist von rauhem, scharfem Korallengestein bedeckt, das das Gehen sehr erschwert. In den Ritzen und Spalten sammelt sich rote Humuserde an, die einer dichten Gestrüppvegetation, stellenweise sogar Kulturpflanzen, das Gedeihen gestattet, durch welche der steinige Charakter des Landes von weitem verhüllt wird.

Der poröse, schwammige Korallenstein giebt Erscheinungen Ursprung, die lebhaft an den Karst erinnern, ja mit diesem identisch sind und von dem Vorhandensein einer mächtigen, unterirdischen Erosion zeugen. Am bezeichnendsten sind die Einsturztrichter (Dolinen), die mehrfach in Verbindung mit Höhlen vorkommen. Sie finden sich in allen Teilen des Korallenlandes häufig und treten auch auf der Westseite der Insel in jenen Gegenden auf, wo diese den Charakter des Korallenlandes annimmt. Sie verdanken teils mariner, teils Süfswasser-Erosion ihre Entstehung. Bei den jüngeren Trichtern ist der Boden mit Felstrümmern bedeckt, in den alten findet sich nicht selten Humusboden oder Wasser.

Zwei sehr schöne Dolinen sind die von Machomvi auf der Südwesthalbinsel unweit des Hatajwa-Hügels. Sie haben steile Wände und am Grunde je einen krystallklaren Tümpel, der von überhängenden Felswänden beschattet ist und durch rote Algen an den Steinen einen eigenartig düsteren Charakter erhält. An den Wänden gedeiht üppige Schlingvegetation und sogar einige hohe Bäume, die aus dem Trichter hervorragen. Das Wasser ist leicht brackig, doch trinkbar, die Ebbe- und Flutwirkung der benachbarten See macht sich deutlich wahrnehmbar. Zu der Sohle des gröfseren Trichters führen alte verfallene Steinstufen; jetzt wird der Ort von den Eingeborenen als Geistersitz gemieden. Der kleinere Trichter dient als Brunnen. Die Höhlen des nahe gelegenen Hatajwa-Hügels verdanken mariner Erosion ihren Ursprung. In die eine gelangt man durch zwei enge Schlupfe, deren jeder in eine Kammer endet, wo sich Ansätze zu Stalaktitenbildung finden. Die andere Höhle besteht aus einem einzigen Raume, in den das Tageslicht hereinbricht.

Interessanter sind die Höhlen von Mangapwani im Nordwesten, besonders jene, die den Eingeborenen als Brunnen dient. Ihr Eingang ist durch einen grofsen Affenbrotbaum bezeichnet. Von diesem Eingang, der mit einer gemauerten Umfassung umrandet ist, führt eine breite gemauerte Treppe in die Tiefe. Diese endet auf der Sohle eines weiten Hohlraumes, in dem man, gegen Norden in die Tiefe steigend, zu einem breiten, im Dunkel gelegenen krystallklaren Wassertümpel gelangt, der von den Bewohnern als Brunnen benutzt wird. Südlich führt ein hoher Gang bergab, dessen Wände aus scharfem Korallengestein bestehen, und dessen Sohle mit ebensolchen Blöcken bedeckt ist. Ansätze zu Stalaktitenbildung sind häufig. Am Ende dieses Ganges in einem gröfseren, sehr schönen Höhlenraum liegt abermals ein klarer Tümpel, worauf der Gang wieder bergan und durch einen sehr engen Schlupf nach der Oberfläche führt. Beide Tümpel enthalten reines Süfswasser, was um so auffallender ist, als die Höhle kaum 100 Schritt von der See entfernt liegt und ihre Entstehung offenbar mariner Erosion verdankt. Es ist anzunehmen, dafs durch Strandverschiebung oder durch Einstürzen eines Ganges die Verbindung mit der See versperrt wurde. Durch die jedenfalls auch durch Einsturz entstandenen beiden Öffnungen strömt Regenwasser in die Höhle und sammelt sich in den Tümpeln als in natürlichen Cisternen, die auch den durch das poröse Gestein sickernden Wasseradern als Sammelpunkt dienen. Die nächste Umgebung der Höhle trägt völlig den Charakter des Korallenlandes. Die nördliche Öffnung war ursprünglich ebenfalls ganz eng, wurde jedoch von einem Araber vor etwa 40 Jahren erweitert, der auch die Steintreppe erbauen liefs.

Etwas südlich von der Brunnenhöhle von Mangapwani bei der Lokalität Maguguni liegt eine andere, in die man durch einen engen Schacht gelangt. Aus diesem führt ein Gang in eine niedrige Kammer, deren Grund mit Wasser gefüllt ist, und wo zahllose Fledermäuse wild umherflattern. Auffallend ist die hohe Temperatur in beiden Höhlen, die den Aufenthalt darin fast unerträglich macht. Sämtliche Höhlen dienen den Eingeborenen als Verstecke und Zufluchtsorte, werden aber sonst als Geistersitze gefürchtet, so dafs es schwer hält, die meist versteckten Eingänge zu erspähen. Es ist darum leicht möglich, dafs noch andere interessante Höhlen auf Sansibar entdeckt werden.

Nach den Einsturztrichtern und Höhlen gehören auch verschwindende Flüsse zu den Eigentümlichkeiten eines Karstgebietes. Auch an solchen ist auf Sansibar kein Mangel. Das Verschwinden des Mweraflusses bei Kibondeï Mzungu fand bereits Erwähnung. Bei Kinyassini laufen mehrere Bäche von West nach Ost, die die See nicht erreichen, sondern im Korallenland verschwinden. Südlich von

Chwaka tritt ein kräftiger Bach Matimba Ali aus einer Felsöffnung knapp am Strand hervor.

Offenbar bildet der poröse Korallenfels auf der ganzen Insel, mit Ausnahme der wenigen Gebiete, wo ältere Kalke anstehen, überall den Untergrund. Auf der gegen Winde mehr geschützten Westseite jedoch, in der sich auch ältere Anhöhen erheben, war der Verwitterung ein günstiger Boden gegeben, mächtige Alluvialschichten konnten sich ansetzen, und das nackte Korallenland tritt nur stellenweise zu Tage. Die dem vollen Windanprall des Indischen Ozeans ausgesetzte Ostseite dagegen ermöglichte das Auftreten von fruchtbarem Humus nur in den Ritzen und Spalten der Korallenfelder.

Das Klima von Sansibar ist besser bekannt, als das irgend eines anderen mittelafrikanischen Küstenplatzes, da in der Stadt schon seit Jahren meteorologische Beobachtungen angestellt werden[1]. Die mittlere Jahrestemperatur beträgt ca. 26,5° C., der mittlere Barometerstand 760,5 mm, die mittlere Regenmenge ca. 1550 mm, aber die Jahresmenge unterliegt je nach den Jahren bedeutenden Schwankungen. Sansibar ist weit regenreicher als die afrikanische Küste und hat in dieser Hinsicht ein insulares Klima. Es giebt keinen Monat, in dem nicht tüchtige Regen niedergehen. Die Hitze ist in der Stadt im allgemeinen gröfser als an den Plätzen der deutschostafrikanischen Küste, teils weil die Stadt an der Westseite vor den Winden teilweise geschützt ist, teils weil der dichte Haufen von weisen Kalkhäusern förmlich als Glutfang wirkt. Doch ist die Hitze nur in den Monaten Dezember und Januar wahrhaft drückend, wo dann Chwaka an der Ostküste einen trefflichen Erholungsort abgiebt. Das Klima Sansibars hat einen sehr schlechten Ruf und wird besonders in Segelhandbüchern als geradezu schrecklich geschildert. In Wirklichkeit sind schwere Fieber in der Stadt selten, doch haben Ausflüge in das Innere der Insel fast immer einen Malariaanfall zur Folge.

Bezüglich der Vegetation unterscheidet sich das Kulturgebiet sehr wesentlich vom Korallenland. In ersterem ist sie von wahrhaft tropischer Üppigkeit, doch herrscht auf weiten Strecken bebautes Land vor, und unbebautes trifft man eigentlich nur in offenen Wiesen (Wanda), die teils versumpft sind, teils einen steinigen, dem Anbau ungünstigen Charakter haben. Das Korallenland ist von einer originellen Buschvegetation bedeckt, die aus den Spalten des Gesteins hervorspriefst

---

[1] Vgl. Zeitschrift für Meteorologie, Wien 1881 S. 15, 1879 S. 24, 1872 S. 225.

und stachelig oder fleischig ist. Darunter gedeihen auch niedere Farnkräuter. Wird dieser Busch behufs Anlage von Feldern geklärt, so liegt der völlig nackte, blendendweiſse Korallenfels zu Tage, und es scheint lächerlich, wie jemand daran denken könne, auf solcher Steinwüste Ackerbau zu treiben. Umsomehr ist man erstaunt, die ungeheuren saftigen Sorghumhalme aus diesem Boden hervorschieſsen zu sehen, zwischen denen ein Roſs mit seinem Reiter vollkommen verschwindet.

Die Flora Sansibars ist noch verhältnismäſsig wenig studiert, und vielleicht finden sich, besonders im Korallenland, endemische Pflanzen, obwohl deren Zahl jedenfalls nur gering ist. Den Kulturpflanzen hat Kersten im v. d. Deckenschen Reisewerke eine meisterhafte Schilderung gewidmet.

Derselbe Verfasser beschreibt auch in anziehender Weise die Tierwelt der Insel. Trotz ihrer Küstennähe beherbergt die Insel doch eigentümliche Säugetiere, darunter den Affen Colobus Kirki, von dem O. Neumann neuerdings wieder Exemplare fand, nachdem er schon als ausgestorben galt. Auſser diesem Colobus giebt es noch andere Affenarten und den originellen groſsäugigen Halbaffen Komba, der ebenfalls bisher nur auf Sansibar gefunden wurde. Gefährliche Raubtiere giebt es keine; der Serval, das Chui der Eingeborenen, ist wohl nur noch sehr selten — wenn überhaupt noch — in den Buschwildnissen des Südens anzutreffen. Häufig ist die Zibethkatze, deren Anwesenheit man durch intensiven Zibethgeruch merkt. Die kleine Moschusratte (Guchiro) ist ebenfalls gewöhnlich und wird nicht selten gefangen gehalten. Einen interessanten, der Insel eigentümlichen Baumschliefer entdeckte O. Neumann bei Jambiani. Haus- und Feldratten richten ziemliche Verheerungen an. Fledermäuse giebt es zahlreiche Arten. Die Insel beherbergt drei Arten von Zwergantilopen, die sämtlich im Korallenland hausen. Das Stachelschwein, nach dem das Nordkap Nungwe benannt ist, traf G. A. Fischer auf der Insel an. Wildschweine, deren es groſse Mengen giebt, brechen häufig genug auch in das Kulturgebiet ein und richten dort mächtige Verheerungen an, so daſs gewisse Gebiete förmlich unbewohnbar werden.

Ein anderer, wenn auch weniger gefährlicher Feind der Pflanzungen, ist der Webervogel, der die Stelle unserer Sperlinge vertritt. In der Stadt treten seit ca. 5 Jahren groſse schwarze Raben mit weiſser Kehle häufig auf, die genau dem Bombayer Stadtraben gleichen und auch, wie es heiſst, von dort importiert sind. Perlhühner sieht man schon ziemlich selten, am häufigsten auf der Insel Tumbatu, Wildtauben sind überall häufig, kleine reizende Nektarinien beleben gleich Schmetterlingen die Landschaft. An Singvögeln ist ziemlicher Mangel.

Von Reptilien sind besonders die mächtigen Pythonschlangen bemerkenswert, die in ganz gewaltigen Exemplaren vorkommen. Leguane, Eidechsen und Chamäleons giebt es mehrere Arten auf der Insel. Nach Aussage der Sammler ist das Insektenleben recht dürftig und arm an Arten; namentlich endemische Spezies sind sehr selten. Termitenbauten sieht man auf der Insel wenig; Bienen werden von den Wahadimu stellenweise gehegt. Die Heuschreckenplage, die vor einigen Jahren die Küstengebiete verheerte, verschont die Insel fast vollständig.

Obwohl abschliefsende Urteile von Fachleuten noch nicht vorliegen, und das Material zu solchen auch noch fehlt, ist es doch zweifellos, dafs die Insel trotz ihrer Kleinheit und der Nähe des Festlandes doch ziemlich viele eigenartige Tiere und Pflanzenformen beherbergt, die auf eine jedenfalls zu Beginn der recenten oder Ende der Tertiärzeit erfolgte endgiltige Loslösung des Zusammenhanges mit dem Festlande — falls eine solche überhaupt jemals bestanden hat — schliefsen läfst. Die Annahme eines solchen Zusammenhanges ist übrigens keineswegs nötig, da die jetzt als eigene Arten auftretenden Spezies leicht in früher Periode nach der Insel verschleppt sein und sich unter veränderten Lebensbedingungen selbständig entwickelt haben können.

III.

Die Bewohner Sansibars stellen in ihrer heutigen Form kein sehr altes Bevölkerungselement dar. Es mag vielleicht Uransiedler gegeben haben, die in den Stämmen der Wahadimu und Watumbatu aufgegangen sind, doch war die Insel schon in so früher Zeit das Ziel arabischer, persischer und vielleicht auch indischer Einwanderer, die wieder Sklaven vom Festlande brachten, dafs eine ursprüngliche Bewohnerschaft sich unmöglich erhalten konnte. Die ältesten Ansiedler mögen immerhin die Wahadimu sein, die von Steere und anderen gewissermafsen als Aboriginer dargestellt werden. Sie verdienen diese Bezeichnung jedoch nicht, da sie durchweg eine sehr deutliche Tradition an ihre Abstammung von der ostafrikanischen Küste bewahrt haben. Es geht dies so weit, dafs ihre Dörfer vielfach noch dieselben Namen wie die der Ursprungsdörfer an der Küste tragen. So behaupten die Bewohner der Dörfer Makunduchi, Cherawe, Janinge, Pangani und andere auf der Insel, von den gleichnamigen Küstendörfern herzustammen. Die Leute von Matemwe erinnern sich, dafs ihre Vorfahren aus Maote (Mayotte) eingewandert seien; die von Mangapwani sind der Abstammung nach Wassegeju. Die Wahadimu stellen also ein Gemisch von verschiedenen, bis in die jüngste Zeit andauernden Einwanderungen von der Küste dar, die sich möglicherweise an einen vorhandenen Bevölkerungskern angeschlossen haben. Der Name Wahadimu kann wohl am richtigsten mit „Höriger" übersetzt werden. Im Arabischen bedeutet Hadim direkt Sklave, das Swahiliwort Mhadim hat die Bedeutung „Freigelassener" angenommen, so dafs Wahadimu als hörige Bauern anzusehen sind, was ja auch ihrer Stellung zu den Herren des Landes entsprach.

In ihrem Äufseren haben die Wahadimu wenig charakteristisches. Neben Leuten von halb arabischem Typus findet man wieder Neger, wie es bei einem Mischvolk begreiflich ist, das wohl auch viel arabisches und indisches sowie durch Sklaven innerafrikanisches Blut aufgenommen hat. Die Tracht gleicht völlig jener der Stadtbevölkerung und ist nur ländlich einfacher; das weifse Hemd wird häufig mit Kokoswasser rötlich gefärbt. Auch bezüglich der Lebensweise und Geräte unterscheiden sich die Wahadimu nicht von anderen Swahili; eigentümlich ist ihnen höchstens ein dem steinigen Korallenland angepafstes Buschmesser. Von einer Wahadimu-Sprache kann kaum die Rede sein. Was als solche bezeichnet wird, ist nur ein breiter, singend gesprochener Landdialekt des Kiswahili, der jedoch recht leicht zu verstehen ist.

Die Wahadimu waren früher jedenfalls über die ganze Insel verstreut. Erst als die Maskat-Araber im fruchtbaren Gebiet grofse geschlossene Plantagen anlegten, wurden sie immer mehr nach dem Korallenland verdrängt. Die meisten Wahadimu-Distrikte sind jetzt im Süden der Insel, besonders in Chwaka, Bwejuu, Makunduchi, Kizimkazi und auf der Insel Uzi zu finden. Im Norden von Sansibar giebt es auch vereinzelte Niederlassungen, die jedoch nur im ödesten Korallenland, nahe der Ostküste, einen unverfälschten Charakter tragen.

Alle Wahadimu sind Mohamedaner und haben in den Dörfern ihre Koranschulen, die von der Jugend fleifsig besucht werden. Sie standen früher unter einem Oberhaupte, dem Munyimkuu, der ein grofses Steinhaus in Dunga bewohnte und dem Sultan von Sansibar tributär war, und dem alle Wahadimu Steuern bezahlten. Der letzte Munyimkuu starb unter Seyid Majid. Seither stehen die Wahadimu-Dörfer unter kleinen Häuptlingen (Schechs), die die Gerichtsbarkeit ausüben.

Eine den Wahadimu nahestehende Bevölkerung sind die Watumbatu, die die Insel Tumbatu bewohnen und einige kleine Kolonien an der Küste und bei Ras Nungwe auf Sansibar besitzen. Sie haben ein ausgesprochenes Stammesbewuſstsein und behaupten, von einer aus Kilwa vor Jahrhunderten vertriebenen shirazischen Prinzessin abzustammen. In ihrem rein negerhaften Äuſseren ist allerdings von persischer Herkunft nicht viel zu merken. Sie sprechen einen sehr schlechten, fast unverständlichen Dialekt des Kiswahili und sind überhaupt auf ihrer unfruchtbaren Insel bei ärmlichen Verhältnissen äuſseren Einflüssen weniger ausgesetzt. Ihre Weiber tragen groſse Ohrklötze und altmodische Glasperlen; bis vor kurzem sollen sie sich mit einem Lendenschurz begnügt haben. Sie rasieren den Schädel oft ganz glatt.

Alle Watumbatu sind Fischer und Seeleute; ihre Zahl dürfte 1000 kaum übersteigen.

Wahadimu und Watumbatu sind friedliche Landleute. Kämpfe waren schon von altersher bei ihnen unbekannt. Früher waren sie den Überfällen arabischer Sklavenhändler sehr ausgesetzt, den sogenannten „Mtende halua" (Zuckerdatteln), die diesen Namen davon erhalten haben, daſs sie Kinder mit Datteln an Bord ihrer Fahrzeuge zu locken und derart zu rauben pflegten. Nicht selten griffen sie aber auch zu kräftigeren Mitteln. Jetzt hat diese Gefahr längst aufgehört, und Wahadimu und Watumbatu sind im Gegenteil selbst eifrige Vermittler des Sklavenhandels zwischen der Festlandsküste und Sansibar geworden.

Wahadimu und Watumbatu sind als freie Swahili zu betrachten. Neben ihnen giebt es noch andere, meist wohlhabende Swahili, die von Mombassa, Malindi, Lamu, Barawa und Mafia herstammen und seit Generationen hier ansässig sind. Fast alle Shatiri von Chole (Mafia) besitzen Häuser oder Grund auf Sansibar und wechseln den Aufenthalt zwischen dieser und der Heimatinsel. Sämtliche Swahili sind Sunniten.

Quantitativ am stärksten ist die Sklavenbevölkerung, unter der alle Stämme Centralafrikas vertreten sind. Man unterscheidet zunächst Watumwa wajinga, blöde Sklaven; das sind solche, die als erwachsene oder halberwachsene Leute frisch eingeführt, noch gänzlich unerfahren und der Landessprache kaum mächtig sind. Solche werden meist in Kanoes von kleinen Küstenplätzen wie Kunducki, Mkwaja u. a. nach dem Süden oder Norden der Insel verschifft und dort verkauft; in Dhaus kommen sie wohl nur aus dem Süden von Deutsch-Ostafrika. Wakulia sind Sklaven, die als Kinder eingeführt und auf Sansibar groſs geworden sind; Wazalia sind auf Sansibar geborene Sklaven. Letztere sind verhältnismäſsig selten und Leute, deren Großeltern bereits hier geboren sind, findet man fast gar nicht, obwohl die Sklaveneinfuhr nach Sansibar schon seit Generationen andauert. Die ungeheure Mehrheit der Sklaven, deren Zahl wohl 80000 erreichen dürfte, besteht aus Leuten, die im Innern Afrikas geboren und innerhalb der letzten 10 bis 15 Jahre eingeführt wurden; auch der Nachwuchs ergänzt sich weniger durch Geburten als durch neue Einfuhr. Der Sklavenbevölkerung sind auch jene Leute beizuzählen, die irgendwie ihre Freiheit erlangt haben und jetzt als Freigelassene, teils noch in einem gewissen Hörigkeitsverhältnis zum früheren Herrn, teils ganz unabhängig, zahlreich in der Stadt und im Land zu finden sind.

Unter den Sklaven Sansibars sind die verschiedensten Stämme vertreten. Am zahlreichsten sind Leute aus dem Gebiet westlich vom Nyassa- und Tanganyika-See, die hier in die Hauptgruppen Wanyassa und Manyema geschieden werden. Unter der letzteren Bezeichnung werden die verschiedensten Stämme westlich vom Tanganyika, vom Kongo-Quellgebiet bis zum Aruwimi, ja sogar Baluba einbegriffen. Letztere aus dem Kassai-Gebiet, also aus Gegenden stammend, die näher an der West- als an der Ostküste gelegen sind, dürften wohl die entferntesten Stämme sein, von welchen Vertreter als Sklaven nach Sansibar gelangen. Sehr zahlreich sind Sklaven aus dem Süden von Deutsch-Ostafrika, wie Wahiao, Wangindo, Wanindi, Matumbi u. a. Zahlreich trifft man auch Wasukuma, Wanyamwezi und Warundi, selten Eingeborene des Zwischenstromgebietes bis nach Unyoro hin. Ziemlich häufig sind Waganda, vereinzelt Massai, Wanyaturu und Wagogo. Die Stämme der küstennahen Länder, wie Wasagara, Wakami Wasaramo und Wasegua sind nur in älteren, vor Jahren eingeführten Sklaven vertreten.

Im allgemeinen läßt sich der Satz aufstellen, daß die Entfernung der Herkunft der Sklaven von der Küste im umgekehrten Verhältnis zum Alter der Einfuhr steht. Sklaven aus dem nördlichen Deutsch-Ostafrika sowie aus Britisch-Ostafrika sind fast gar nicht in Sansibar vertreten, da die verhältnismäßig wenigen Sklaven, die diese Länder liefern, nach Pemba ihren Abfluß finden. Galla giebt es fast nur als Sklavinnen in den Harems der Araber, wo man auch Abessinierinnen, Komorenserinnen und sogar Türkinnen, teils aus Syrien, teils Tscherkessinnen, antrifft. Auch männliche Sklaven aus Komoro sind nicht selten.

Der Preis eines Sklaven erreicht jetzt durchschnittlich ca. 100 Rps.; er ist weit höher als früher, aber immer noch niedriger als der eines mittelguten Esels. Ihrer Hauptbeschäftigung nach teilen sich die

Sklaven in Haus- und Ackersklaven. Erstere leben in der Stadt und in den Landhäusern ihrer Herren, wo sie häusliche Dienste verrichten. Als Köche, Kinderwärterinnen, Wasserträgerinnen, Thürhüter, Eseljungen u. s. w. sind sie meist beliebte Diener, arbeiten wenig, haben reichlich zu essen und geniefsen ziemlich grofse Freiheit. Sie sind es, die fremden Europäern zuerst auffallen und durch ihr heiteres Wesen den Eindruck hervorrufen, dafs die Sklaverei in Sansibar recht erträglich sei. Übrigens hat auch die reine Haussklaverei manche Schattenseiten. Vor allem sind die Sklaven den oft lasterhaften Neigungen ihrer Herren schutzlos preisgegeben; die Sklavinnen werden aufserdem meist mit quälender Eifersucht verfolgt, die sich nicht nur auf die eigentlichen Surias, die Kebsweiber, sondern auf fast alle weiblichen Hausgenossen erstreckt. Weit schwerer ist das Los der Ackersklaven, die meist weder Nahrung noch Kleidung erhalten und sich ihren Lebensunterhalt an den beiden ihnen frei gegebenen Wochentagen Donnerstag und Freitag verdienen müssen, auch besonders auf abgelegenen Landgütern vielfach unter der Härte ihrer Herren zu leiden haben. Neben diesen beiden Gruppen giebt es noch zahlreiche Sklaven, die sich vollständig frei bewegen und ihrem Herrn nur eine monatliche Abgabe entrichten müssen. Je nach der Höhe dieser und dem Charakter des Herrn wird diese Abgabe drückend oder sinkt zur reinen Formalität herab. Es scheint, als ob eben jetzt Wandlungen im Zuge wären, durch die die Lage der Sklaven auf Sansibar eine einschneidende Änderung erhalten wird.

Die Negerbevölkerung Sansibars ist vielfach dem Trunke ergeben und steht moralisch auf tiefer Stufe. Dennoch hat sie einen guten Kern, der besonders dann hervortritt, wenn Sansibariten aufserhalb ihrer Heimat zur Verwendung kommen. Die Entdeckungsgeschichte Centralafrikas, die Gründung des Kongostaates und neuerdings der französische Feldzug gegen Madagaskar haben bewiesen, was Sansibariten unter europäischer Führung leisten können.

Gewissermafsen einen Übergang von reinen Negern zu asiatischen Stämmen bilden die Komorenser, meist von Angasija stammend, die in stets steigender Menge von ihrer Heimatinsel nach Sansibar kommen, manchmal, sobald sie etwas erworben, wieder dahin zurückkehren, nicht selten aber auch dauernd hier verbleiben. Die Komorenser haben eine eigene Sprache und stellen eine Mischung von Arabern, Persern und Indern mit Negern dar, haben wohl auch von den Howas Madagaskars malayisches Blut in sich aufgenommen. Die Komorenser zeigen deutlich die Hinfälligkeit jeder anthropologischen Beschreibung. In ihrer Hautfarbe meist lichtbraun, zeigen sie doch

Schattierungen von fast europäischem Weifs bis zum tiefsten Schwarz. Man trifft Leute mit arabischem und solche mit echt afrikanischem Typus, Wollhaare, gekräuselte Haare und glatte Haare. Dennoch fällt es niemand, der längere Zeit in Sansibar war, schwer, einen Komorenser sofort als solchen zu erkennen. Möge er arabisch oder negerhaft aussehen, möge er selbst in Sansibar geboren sein und das Kiswahili vollkommen ohne fremde Betonung sprechen; es giebt doch etwas gemeinsames im Äufseren der Komorenser, das unverkennbar ist, aber niemals beschrieben werden könnte. Die Komoro-Leute schliefsen sich in Tracht und Sitten vollkommen den Eingeborenen an. Sie arbeiten vielfach als Diener in europäischen Häusern, wo sie ihrer Geschicklichkeit und Reinlichkeit wegen beliebt sind, durch ihre Ränkesucht und Verlogenheit allerdings weniger angenehme Hausgenossen bilden. Madagaskar-Leute, sogenannte Wabuki, sind jetzt ziemlich vereinzelt anzutreffen.

Sunnitische Araber aus Sheher und Hadramaut sind nicht nur zur Zeit des Nordostmonsuns, sondern auch ständig angesiedelt in Sansibar häufig. Sie führen als Krämer, Lastträger, Korbflechter, Matrosen u. s. w. ein einfaches Leben und bringen es nur selten zu Wohlstand. Ihre Frauen stecken in einem eigentümlichen Sack mit blauem Schleier, mit dem sie sich übrigens nur verhüllen, wenn sie sehr häfslich sind. Sie bilden als Brotverkäuferinnen, sogenannte Bui-bui, mit dem gellenden Ruf: „Haya mka-té!" eine ständige Strafsenfigur der Stadt. Die Shihiri, wie sie von den Eingeborenen genannt werden, hausen hauptsächlich in der Vorstadt Malindi und im Ngambo bei Mwembe ladu. Eine Art Oberhaupt haben sie in dem Sultani Mkelle, Schech Negib, einem aus Makalla vertriebenen Häuptling, der seit Jahren in Sansibar lebt. Meist in Gesellschaft der Shihiri leben einzelne Sudanesen.

Die Araber aus Maskat sind die eigentlichen Herren des Landes. Ihnen gehören die Familie des Sultans und die vornehmsten und reichsten Geschlechter der Insel an, in ihren Händen sind die meisten Pflanzungen und Sklaven. Sie waren auch stets die Träger des Karawanenverkehrs nach dem Innern Afrikas. Ihre Bedeutung für die Kultur ist vielfach überschätzt worden, da die Maskat-Araber, obwohl einzelne wohl schon vorher mit der Ostküste im Verkehr standen, doch erst mit Ende des 17. Jahrhunderts einen thatsächlichen Einflufs gewannen, während eine der heutigen wahrscheinlich überlegene, von Südarabern, Persern und Indern eingeführte Kultur schon weit früher vorhanden war. Heute sind sie — besonders die in Sansibar geborenen — physisch und moralisch herabgekommen, orientalischen Lastern und vielfach auch dem Trunke ergeben. Ihre Wissenschaft ist öder Gedächtniskram, dem gänzliche Unkenntnis der gewöhnlichsten Dinge gegenübersteht. Lächerlicher Dünkel, Gleichgültigkeit gegen alles, was nicht ihren nächsten Interessenkreis berührt, ist für sie bezeichnend. Gastlichkeit und eine gewisse orientalische Höflichkeit des Benehmens sind so ziemlich als einzige gute Eigenschaften zu nennen. Es ist zweifellos, dafs man mit einem intelligenten Swahili ein ungleich vernünftigeres Gespräch als mit einem reinen Maskat-Araber führen kann, obwohl letzterer häufig das patriarchalische Aussehen eines „Weisen aus dem Morgenlande" hat. Der politische Einflufs der Maskater ist heute ziemlich gebrochen, und auch ihr Wohlstand nimmt sehr ab, da sie fast alle bei Indern stark verschuldet sind.

Neben den vollen Arabern, den sogenannten Kabaila, die sich in verschiedene Stämme, wie Barwan, Mandri u. s. w. teilen, giebt es noch eine Art Hörige, Bessari, die eine untergeordnete Rolle spielen. Suri-Araber und andere Leute aus dem persischen Meerbusen kommen als Fischer und Seeleute nicht selten nach Sansibar. Alle Maskater sind Ibaditen, eine Sekte, die bekanntlich weder den Sunniten noch den Schiiten angehört, und die aufser in Omân (Maskat) nur unter den Berbern des Maghreb Anhänger hat. Das Rauchen ist dieser Sekte verboten.

Belutschen aus Makran wurden ursprünglich von Seyid Saïd als Soldaten nach Ostafrika gebracht und sind jetzt noch ziemlich häufig. Obwohl sie sunnitische Hanefiten sind, schliefsen sie sich doch in Sitten und Trachten völlig den Maskatern an, geniefsen jedoch geringes Ansehen.

Perser, aus denen sich die frühere Leibgarde des Sultans ergänzte, sowie Ägypter, Türken und Bokhara-Leute kommen vereinzelt nach Sansibar; neuerdings auch Leute von den Seyschellen, Singhalesen, Japaner als Besitzer von Gastlokalen mit „Damenbedienung", und sogar Chinesen und Malayen. Von den Seyschellen wanderten vor etwa 2 Jahren mehrere hundert christliche dunkelfarbige Landleute (Kreolen) in Sansibar ein und liefsen sich bei Mbweni nieder, wo sie hübsche Kulturen anlegten. Sie sprechen ein verdorbenes Französisch als Muttersprache und erhalten immer neue Zuzüge aus der Heimat.

Ein sehr wichtiges Bevölkerungselement Sansibars bilden die Inder, die in die beiden Hauptgruppen der mohamedanischen und heidnischen Inder geteilt werden. Es ist zweifellos, dafs der Handelsverkehr zwischen Indien und Ostafrika schon sehr alt ist. Die Wadébuli, denen die Tradition der Eingeborenen fast alle Ruinen auf Sansibar und überhaupt in Ostafrika zuschreibt, sollen mohamedanische Inder aus Diu gewesen sein. Vasco da Gama traf in Ostafrika Inder, die ihm zur Erreichung ihrer Heimat behilflich waren. Die heute in Ostafrika ansässigen Inder sind der grofsen Mehrzahl nach Kaufleute und Vertreter des Zwischenhandels zwischen Europäern und Eingeborenen. Sie kommen ausschliefslich aus der Bombay-Präsidentschaft.

Von den mohamedanischen Indern sind die Kojas numerisch am stärksten. Sie sind Schiiten, haben jedoch mancherlei für den strenggläubigen Moslem störende, an heidnische erinnernde Sitten. Dem Kalifen Ali spenden sie nahezu göttliche Verehrung und sehen in ihrem in Bombay lebenden Imam Agha Khan eine Art Verkörperung dieses Heiligen. Mit diesem treiben sie einen unglaublichen Kultus und zahlen ihm eine sehr hohe Steuer, die alljährlich Hunderttausende verschlingt. Die Kojas geben in ihren Jamati genannten Moscheen Gastmäler und benutzen sie überhaupt als Vergnügungslokale. Vor etwa acht Jahren vollzog sich zwischen ihnen ein Schisma, indem eine Reformsekte, die Sabanya, sich von den altgläubigen Baghat loslöste. Die Sabanya legen vor allem dem Agha Khan weit geringere Bedeutung bei und halten sich strenger an die Satzungen des Koran. Es giebt unter den Koja sehr reiche Kaufleute, doch gelten sie als durchtriebene und nicht immer ganz reelle Händler. Sie tragen einen goldgestickten Turban und Beinkleider; ihre Weiber, die in grofser Zahl in Sansibar leben, gehen stets unverschleiert. Viele Kojas sind hier geboren und können als fest angesiedelt betrachtet werden. Die meisten jedoch stehen in innigem Zusammenhang mit der indischen Heimat, nach der sie, genügend bereichert, zurückkehren.

Sympathischer als die Koja sind die Bohoras, ebenfalls Schiiten, doch einer anderen Sekte angehörig. Unter ihnen finden sich sehr reiche Kaufleute, sowie auch geschickte Handwerker. Die Weiber der Bohoras gehen dicht verschleiert. Die Bohoras handeln hauptsächlich mit den nördlichen Küstenplätzen, wie Mombas, Lamu, und mit Pemba, während die Kojas Agenten in Deutsch-Ostafrika haben.

Als kleine Händler trifft man auf Sansibar Maiman und Sindhi, beides hanefitische Sunniten.

An heidnischen Indern leben Vedagläubige, Jaïns und Parsi in Sansibar. Die beiden ersteren Gruppen, Hindu aus der Bombay-Präsidentschaft, werden von den Eingeborenen unter der Bezeichnung „Banyans" zusammengefafst und sind äufserlich an einem Lendenschurz zu erkennen, dessen Zipfel zwischen den Beinen durchgezogen wird. Jaïns sind ziemlich zahlreich im Gegensatz zur Küste, wo die Vedagläubigen Batthias vorherrschen. Die Hindu besitzen einen Leichenverbrennungsplatz südlich der Stadt. Die höheren Kasten sind fast alle Kaufleute mit Ausnahme der wenigen Priester, die den Dienst in den kleinen Bethäusern verrichten und die heiligen Kühe pflegen, und geniefsen keinerlei Fleischnahrung. Niedere dunkelfarbige Kasten trifft man als Kutscher, Barbiere, Bootsleute und in anderen untergeordneten Beschäftigungen; sie geniefsen meist wenig Fleisch und bringen ihre Weiber mit nach Sansibar, während dies bei den höheren Kasten nur selten geschieht. Die Hindu sind alle nur vorübergehende Bewohner der Insel, obwohl sich unter ihnen sehr bedeutende Handelsfirmen finden, die jedoch stets in naher Fühlung mit Bombay stehen.

Noch mehr ist dies bei den Parsi der Fall, die in der Zahl von einigen Hunderten als Ärzte, Baumeister, Kaufleute, Kontorbeamte in Sansibar arbeiten und sich in Tracht und Lebensweise sehr den Europäern nähern. Sie bringen ihre Frauen häufig hierher, spielen jedoch noch nicht jene wichtige Rolle wie in Indien. Sie besitzen einen Feuertempel und Begräbnisplatz unweit der Stadt und gehen mit dem Gedanken um, „Türme des Schweigens" zu erbauen.

Die Goanesen sind katholische Inder, die teils aus der portugiesischen Kolonie Goa, teils aus der Vorstadt Mazagon von Bombay stammen. Die ersteren kommen meist aus der Provinz Salsette. Sie gehören ursprünglich dem Stamme der Maraten an und sprechen Konkani als Muttersprache. Doch mögen manche von ihnen portugiesische Blutmischungen erhalten haben und verstehen etwas portugiesisch. Viele haben auch Negerblut von aus Ostafrika nach Goa importierten Sklaven. Ihre Namen sind Souza, Silva, Gomez, Diaz und Fernandez; sie sind alle adelig, alle ziemlich dunkelfarbig, sehr fromm und sehr schmutzig. Sie bringen sich als Handwerker, Köche, Wäscher, Kaufleute, Photographen, Ärzte, Clerks u. s. w. durch, sind bei Europäern als mangelhafte Kopie ihrer selbst wenig beliebt, aber eigentlich ganz anständige Leute und besser als ihr Ruf. Die Männer tragen sich europäisch, die Frauen ein recht originelles buntes Kostüm, das ein Gemisch der indischen und portugiesischen Tracht darstellt.

Mit den Goanesen wurde ein Zweig der in Sansibar sehr zahlreichen Mischlinge erwähnt. Am gewöhnlichsten sind solche zwischen Arabern und Negern, und wohl jede auf der Insel seit längerer Zeit ansässige Swahili-Familie hat arabisches Blut. Dasselbe macht sich sehr bemerkbar, weniger in der Hautfarbe als im Gesichtstypus, der Form der Glieder, den Haaren, die oft glatt oder halbglatt sind. Ungemein negerhaft und kaum als solche zu erkennen sind indische Mischlinge, die nicht selten sind. Die Kinder der Hindu werden als Mohamedaner erzogen. Aufserdem giebt es noch allerlei Kreuzungen und Zwischenkreuzungen der in Sansibar lebenden asiatischen Einwanderer mit Negern. Europäische Mischlinge sind selten.

Die Zahl der Europäer auf Sansibar ist schwankend, übersteigt jedoch kaum 200, unter welchen Griechen, Engländer, Deutsche und Franzosen die Mehrzahl bilden, doch fast alle Nationen Europas vertreten sind. Dem Berufe nach teilen sich die Europäer in Gouvernements- und Konsulatsbeamte, Kaufleute und Missionare.

IV.

Es ist hier nicht der Ort, die wirtschaftliche Bedeutung Sansibars als Stapelplatz des Handels Ostafrikas zu erörtern, die die Insel hauptsächlich ihrer geographischen Lage zu danken hat. So viel möge nur Erwähnung finden, dafs der Handel des Küstengebietes und Innerafrikas, vor allem Deutsch-Ostafrikas, sich nach wie vor über Sansibar bewegt. Es giebt kaum ein europäisches Industrierzeugnis, das nach Deutsch-Ostafrika gelangt, ohne vorher den Bazar Sansibars passiert zu haben, und auch die Ausfuhr der Produkte vollzieht sich fast nur über dieses Emporium.

Die Produkte der Insel selbst sind hauptsächlich solche der Landwirtschaft, von der weiter unten die Rede sein soll. Unter den Kulturpflanzen spielt der Gewürznelkenbaum die wichtigste Rolle. Er wurde angeblich 1818, also noch vor Seyid Saïd, von einem Araber Salehe bin Hamed zuerst angepflanzt, der ihn von Franzosen auf den Maskarenen erhalten hatte. Die Nelkenkultur nahm bald immer gröfsere Dimensionen an, da das Bestehen der Sklaverei auf Sansibar und Pemba diesen Inseln einen bedeutenden Vorteil vor anderen Produktionsländern bot, so dafs die Inseln Ostafrikas schliefslich den Weltmarkt für Nelken beherrschten, eine Stellung, die sie noch heute innehaben. Zur Zeit, wo die Produktion noch geringer, die Nachfrage stark, die Preise hoch und die Arbeitskräfte der Sklaven billig waren, lohnte sich der Anbau sehr; heute, wo alles dies nicht mehr der Fall ist, mufs die ganze Nelkenkultur als ungesunde Anlage bezeichnet werden, und die arabischen Plantagenbesitzer sind fast alle stark bei Indern verschuldet.

Der Nelkenbaum gedeiht nur im Kulturgebiet der Westseite der Insel und auch da nur auf rotem Lehmboden gut. Das Land direkt östlich und südlich von der Stadt ist, obwohl fruchtbar, doch zum Nelkenbau nahezu ungeeignet. Die schönsten Nelkenkulturen liegen am Mweraflufs und nördlich bis gegen Mkokotoni, die Pflanzungen sind gut angelegt, die hohen Sträucher in Reihen gepflanzt. Neuerdings giebt es viele vernachlässigte Pflanzungen. Die Bäume bedürfen grofser Pflege; die Ernte findet alljährlich im Oktober und November statt. Die Zukunft der Nelkenkultur hängt eng mit der Lösung der Sklavenfrage zusammen. Wie immer diese auch ausfallen möge, so ist es doch zweifellos, dafs die fortschreitende Ordnung der Verhältnisse in Ostafrika die Zufuhr neuer Sklaven erschweren, ja mit der Zeit unmöglich machen wird. Ob die Pflanzer in der Lage sein werden, bei den schlechten Nelkenpreisen die Kultur mit freien, bezahlten Arbeitern fortzuführen, mufs die Zukunft lehren.

Neben dem Nelkenbaum, der gewissermafsen die typische Pflanze für die Gewürzinsel Ostafrikas ist, spielt die Kokospalme die wichtigste Rolle und ist die einzige Kulturpflanze, die für den Export von gröfserer Bedeutung ist. Kokospalmen sind im ganzen Kulturgebiet verstreut und finden sich auch bei den Dörfern der Ostküste. Sie wurden ursprünglich nur nebenher angepflanzt, und nur in jenen Gebieten, wo Nelken nicht gedeihen, wie bei Unguja-Ukuu und Bungi, giebt es regelrechte alte Kokospflanzungen. Jüngere von grofser Ausdehnung finden sich bei Mkokotoni und Chweni. Die Palmen liefern in Sansibar nicht so grofse Nüsse wie in Mafia, doch soll die Kopraschicht dicker sein. Leider wird stets viel feuergebackene Kopra auf den Markt gebracht, wodurch das Sansibarprodukt minderwertig wird.

Die erste Anpflanzung der Kokospalme wird den Wadébuli zugeschrieben, jenem sagenhaften Stamm, denen die ostafrikanischen Küstenbewohner alles zuschreiben, was altertümlich ist. In der Umgebung der Stadt wird die Palme hauptsächlich zur Tembo-(Palmwein-)bereitung benutzt. In neuerer Zeit wurden viele Kokospalmen überall angepflanzt, da diese Kulturpflanze, die eine geringe Arbeitsleistung erfordert, sich auch nach Aufhebung der Sklaverei lohnen würde. Versuche zur Coirgewinnung und zum Ölpressen haben sich als nicht vorteilhaft erwiesen.

Neben Nelkenbäumen und Kokospalmen sind Mangobäume (Miembe) und Yakfruchtbäume (Fenesi) diejenigen, die im Landschaftsbild des Kulturgebietes am meisten hervortreten. Doch haben diese Obstbäume, wie auch die ausgezeichneten Sansibar-Orangen, die als die besten der Welt gelten, die Mizambarau, Citronen, Tamarinden, Bananen, Ananas und zahlreiche andere Obstpflanzen, die O. Kersten so anmutig beschreibt, keinen grofsen wirtschaftlichen Wert.

Zuckerrohr wird überall angepflanzt, doch nur an einer einzigen Stelle, bei Mwera kwa Manha, plantagenmäfsig. Die Araber legten in frühern Jahren große Zuckerrohrplantagen am Mwerafluſs, am Zingwe-Zingwe und seinen Nebenbächen, im Süden bei Pete und an andern Orten an und erbauten Mühlen zur Gewinnung der Melasse, doch erwiesen sich dieselben als nicht lohnend. Die Mühlen sind heute Ruinen, und nur die kleine Dampfmühle von Mwera kwa Manha ist noch in Betrieb. Auch eine große Zuckerplantage, die der Engländer Frazer bei Mkokotoni anlegte, mußte infolge der schlechten Zuckerpreise ihre Arbeiten einstellen.

Roter Pfeffer bildet das Ausfuhrprodukt des Korallenlandes, kommt in größerer Menge von dort nach der Stadt und wird auch nach Europa exportiert. Tabak einer scharfen Qualität wird ebenfalls von den Wahadimu des Ostens, sowie in der Gegend von Bumbwini und Mwanda viel angebaut und kommt, zu Würsten gedreht, nach der Küste zur Ausfuhr. Versuche, den Tabak plantagenmäßig anzupflanzen, lieferten schlechte Ergebnisse.

Die Areka-Palme gedeiht überall im Kulturgebiet und liefert gutes Erträgnis an Nüssen, die auch nach der Küste zur Verschiffung gelangen. Betelblätter zum lokalen Gebrauch werden im Korallenland, auf Tumbatu und an andern Orten angepflanzt.

Unter den Nahrungspflanzen spielt Maniok im Kulturgebiet die erste Rolle, da er die Hauptnahrung der Sklavenbevölkerung bildet. Reis wird ziemlich viel und in guter Qualität angebaut, genügt jedoch nicht annähernd, um den Bedarf der Bevölkerung zu decken, so daſs ein starker Import an Reis stattfindet. Das Hauptkulturgewächs des Korallenlandes ist Sorghum. Auch Hülsenfrüchte, Bataten, Yams, Colocasia, Tomaten, Kürbisse, Eierfrucht, Rettige, Arachis, Sesam werden überall angepflanzt, daneben auch die oben erwähnten Obstarten. Sogar Zierpflanzen, wie Rosen und Jasmin, werden gewerbsmäßig gezogen und zum Verkauf nach der Stadt gebracht.

Die Viehzucht steht in Sansibar auf keiner besonders hohen Stufe; das meiste Vieh, das in der Stadt verbraucht wird, muß von außen eingeführt werden, und Rindvieh ist zwar überall, doch nirgends in größerer Menge vorhanden und scheint nicht besonders gut zu gedeihen. Ziegen trifft man überall, am zahlreichsten bei den Wahadimu, Schafe seltener. Geflügel, Hühner, Enten und Tauben werden allerorts gehalten. Die Eselzucht hat eine recht hohe Stufe erreicht; man sieht zahlreiche in Sansibar geborene reine Maskat-Esel von schöner weißer Farbe und auch sehr verwendbare Halbblutesel. Pferde werden fast niemals auf der Insel geboren und nur in der Stadt als Luxustiere gehalten. Indische Zugrinder und Büffel wurden in neuerer Zeit importiert.

Dem Fischfang widmen sich alle Bewohner der Küstendörfer, hauptsächlich in Canoes mit Ausliegern; mit besonderem Eifer und Erfolg die Wahadimu der Ostküste. Diese ist viel fischreicher als die Westküste, und Fische und andere Seetiere werden quer durch die Insel nach der Stadt zum Verkauf gebracht. An Ziermuscheln besteht ein nicht unbedeutender Export; Schildpatt wird an den Küsten der Insel gewonnen, dagegen fast keine Perlmutter.

V.

Die Stadt Sansibar, von den Eingeborenen Mji ya Unguja genannt, nimmt eine dreieckige Landzunge an der Westküste der Insel ein, die durch einen schmalen, sandigen Landstreifen mit dem Hauptteiland verbunden ist. Sie umschliefst mit diesem eine seichte Lagune, das sogenannte Pwani ndogo (kleiner Strand), die zur Ebbe trocken fällt. Jenseits der Lagune dehnt sich das Negerviertel Ngambo aus. Hinter diesem, von der Dobi-Wiese im Norden bis zur Mission Kiungani im Süden verlaufend, zieht sich eine zweite durch sumpfige Stellen bezeichnete Senkung, die den Verlauf einer früheren Lagune erkennen läfst.

Die Stadt hat kein so hohes Alter, wie ihr vielfach beigemessen wurde. Nach der Tradition waren es Neger vom Stamme der Walekwa, die bei Ras Shangani, etwa in der Gegend des jetzigen englischen Konsulates, ein Dorf anlegten. Die Städte auf Sansibar, die die Portugiesen dort antrafen, lagen sehr wahrscheinlich nicht an der Stelle der heutigen Stadt, sondern bei Kizimkazi und Mkokotoni. Ersterer Ort bildete auch Jahrzehnte hindurch die Residenz der Schechs von Sansibar, deren Nachkommen mit dem Titel Munyimkuu in Dunga als Wahadimu-Häuptlinge safsen.

Mit dem Beginn der Herrschaft der Maskater Imams über die Insel wurde das heutige Sansibar der Hauptort. Ihr Statthalter Abdallah bin Jumah, ein Swahili aus Chole (Mafia), erweiterte das schon früher vorhandene kleine Fort zu der Feste, die heute noch als Guereza ein Wahrzeichen der Stadt bildet. Durch die Einfälle der Sakalaven in Chole (Mafia), der Galla in Malindi und im Lamu-Gebiet wurden viele Swahili veranlafst, nach Sansibar auszuwandern, und die Stadt wuchs dadurch an. Dennoch bildete sie, als Seyid Saïd bin Sultan 1822 eintraf, nur ein Gewirr von Lehmhütten, aus welchem das Fort und Zollhaus als einzige Steingebäude hervorragten. An Steinmoscheen war nur die kleine Jamii in Shangani, deren Ruine heute noch erhalten ist, und die Maskiti ya Jumah, die ursprüngliche, später erweiterte Sultansmoschee unweit des Forts, vorhanden.

Als Stapelplatz der Gewürznelkenausfuhr und des Handels mit der Küste und dem Innern Afrikas entwickelte sich Sansibar unter Seyid Saïd rasch. Die Zahl der Steinhäuser wuchs, ein Brücke über die Lagune wurde angelegt, die etwas nördlich von der jetzigen, unter Seyid Majid erbauten Steinbrücke stand. Die drei Viertel Shangani, Mwavi und Malindi erweiterten sich und teilten sich in zahlreiche Unterviertel. Regellos und rein nach dem Bedürfnis erbaut, verdrängten die flachdachigen Bruchsteingebäude allmählich die Lehmhütten. Das Haus bekam die Front, die dem Bauherrn pafste, wurde durch Anbauten und Aufbaue erweitert oder fiel in Trümmer, von dichten Lianen umrankt, wie es eben das Bedürfnis oder die Verhältnisse mit sich brachten. Dadurch entstand ein gänzlich regelloses Gewirr von hundertfach geknickten, in der Breite fortwährend wechselnden Gassen und Gäfschen, die Sansibar ein echt orientalisches Gepräge geben.

Lehmhütten sind überall zwischen den Steinhäusern verstreut, meist in abgelegenen, durch Sackgassen erreichbaren Höfen, die nur selten der Fufs eines Europäers betritt. In geschlossenen Gruppen stehen sie auf der Halbinsel in den Vierteln Mji mpya, Kidutani, Mkunazini und beim Aufsenkap von Malindi, Funguni. Das Ngambo, in dem die Negerhütten vorherrschen, ist erst ziemlich jungen Datums. Ursprünglich siedelten sich jenseits der Brücke, über welche die Strafse nach des Sultans Lustschlofs Mtoni führte, Madagaskar-Leute (Wabuki) an, an die noch die jetzige Bezeichnung des Viertels Kwa Wabuki erinnert. Das Ngambo wird auch in älteren Schriften als ‚Madagascartown' bezeichnet. Erst in den siebziger und achtziger Jahren, als die zunehmenden Steinhäuser die Negerbevölkerung allmählich aus der Stadt zu verdrängen begannen, und die Zahl der Negerbevölkerung hauptsächlich durch Zufuhr von der Küste wuchs, siedelten sich viele Leute in den Schambagebieten jenseits der Lagune, im „Ngambo" (Ufer) an, einem Vorort, der allmählich zu einem ausgedehnten geschlossenen Hüttenkomplex wurde. Die Reinlichkeit der Strafsen, die reizenden Gruppen von Palmen und Mangobäumen, die zwischen den Hütten verstreut sind, und die Munterkeit der aus allen Stämmen Centralafrikas zusammengewürfelten Bevölkerung machen das Ngambo zu dem anziehendsten Teil der Stadt. Bezeichnend für den Vorort sind mehrere grofse Lehmgruben und Steinbrüche, die teils die bunt durcheinander gewürfelten Hütten unterbrechen, teils schon von solchen angefüllt sind. Steinhäuser giebt es im Ngambo nur wenig; sie ziehen sich hauptsächlich längs der nach Chweni führenden Strafse hin.

Über die Einwohnerzahl von Sansibar sind vielerlei zwischen

20000 und 100000 schwankende Angaben gemacht worden. Da irgendwelche amtliche Erhebungen auch jetzt noch vollständig fehlen, so ist man immer noch auf Schätzung angewiesen, die bei der regellosen Anlage der Stadt sehr erschwert wird. In gewissem Sinne kann ein grofser Teil der Bevölkerung der Stadt als fluktuierende bezeichnet werden. Zur Zeit des Nordostmonsuns weilen hunderte von Leuten aus Benadir und Südarabien in der Stadt. Auch die Eingeborenen sind in ständiger Bewegung. Fast alle Araber besitzen Landgüter, in welchen sie sich zeitweise aufhalten, nur einen kleinen Teil ihrer Haussklaven in der Stadt zurücklassend. An Landbewohnern der Insel sowie an Küstenleuten und Komorensern, die einen zeitweiligen, bis auf Jahre ausgedehnten Aufenthalt in der Stadt nehmen, ist ein fortwährender Zu- und Abflufs. Als ständige Bevölkerung der Stadt dürfte die Zahl von 60000 eher zu hoch als zu niedrig gegriffen sein. Die Hauptstämme verteilen sich etwa folgendermafsen: 200 Europäer, 7000 Inder, 500 Goanesen, 2000 Maskat-Araber, 2000 Sheher- und Hadramaut-Araber, 5000 Komorenser und die übrigen Neger. Die fluktuierende Bevölkerung dürfte zwischen 10000 und 30000 Seelen schwanken.

Von der Stadt nördlich führt eine Fahrstrafse nach dem Sultans-Lustschlosse Chweni. Sie führt erst an Marhubi vorbei, einem mit langer Bruchsteinmauer umgebenen Garten des Sultans, in dem ein noch erhaltenes Gebäude steht. Völlige Ruinen sind Mtoni und Bet el Ras, zerbröckelnde, von üppigem Grün umrankte Gebäude, von welchen niemand glauben würde, dafs sie erst vor ca. 50 Jahren erbaut wurden. Der Weg führt durch entzückende tropische Landschaft, meist in Sicht der See, vorbei an Kibweni, wo vor Jahren von der deutschen Plantagengesellschaft Tabakpflanzversuche gemacht wurden, und an Bububu, wo eine originelle Moschee mit pyramidenförmigem Steindach, eine alte Zuckermühle und eine aufser Betrieb befindliche Coirfabrik stehen. Bei Chweni, dem massiven, weifsen, plumpen Schlofs des Sultans, hört die Fahrstrafse auf, und der Weg zieht sich als breiter ausgetretener Fufspfad durch welliges Land nach Norden. Hier treten die Nelkenpflanzungen bis nahe an die Küste, und man schreitet durch endlose Alleen der spitzen, glanzblätterigen Sträucher, die einen lebhaften Nelkenduft ausstrahlen. Nirgends in diesem Schambengebieten giebt es zusammenhängende Dörfer; an die ansehnlichen Wohnhäuser der Grundbesitzer, meist Araber, schliefsen sich einige Sklavenhütten an, andere sind zwischen den Pflanzungen verstreut. Gewisse Mittelpunkte schaffen die Kramläden, die von Indern und Arabern stellenweise gehalten werden.

Nicht viel anders ist auch die Niederlassung Mangapwani an steiler Korallenküste, bei der die obenerwähnten interessanten Höhlen (S. 14) liegen. Die Eingeborenen, die unter den schattigen Mango- und in den Kokoshainen dieses gesegneten Striches hausen, sind ein Gemisch von Wahadimu, Wassegeju von der Küste und allerlei anderen Küstenleuten. Ganz ähnlich ist der etwas nördlicher gelegene Distrikt Bumbwini, der eine fruchtbare Landzunge zum Kap Uso a membe (Reiherschnabel) entsendet, und an den sich die tiefeinschneidende Lagune von Mwanda anschliefst. An der Küste von Bumbwini liegt ein kleiner, schlecht bedienter Leuchtturm. In die Mwanda-Lagune münden die Flüsse Zingwe-Zingwe und Mwanakombo. Das Dorf Mwanda liegt auf einer Insel in der Lagune, besitzt jedoch, ähnlich wie die Hauptstadt, auch ein Ngambo, d. i. einen Hüttenkomplex, der am hohen Ufer der Hauptinsel gelegen ist. Zusammen dürften etwa 80 Lehmhütten vorhanden sein, zwischen welchen ein paar altersbraune Steinmoscheen versteckt sind. Mwanda ist eines der wenigen geschlossenen Dörfer der Insel. Die Bewohner sind ein Gemisch von Wahadimu, Watumbatu und allerlei Swahilivolk. Durch die ähnliche topographische Lage giebt Mwanda ein Bild davon, wie etwa Sansibar in seinen Anfängen ausgesehen haben mag.

Jenseits von Mwanda betritt man den ausgedehnten Schambendistrikt von Mkokotoni. Von der Küste bis zum Abfall des Plateaus dehnt sich ein ungeheurer Kokospalmenwald, der vom Kipange-Bach durchflossen ist, und den stellenweise offene, leicht versumpfte Wiesen unterbrechen. Es ist dies die frühere Pflanzung des Engländers Frazer. Noch erkennt man regelmäfsig angelegte Alleen, an welchen Frazer eine herrliche Pandanus-Art angepflanzt hat, und die geräumigen Hallen der alten Zuckerfabrik, wo mächtige Dampfmaschinen rostbedeckt im Staube versinken. Das Wohnhaus der Plantage steht auf der Höhe des Plateaus und bietet eine herrliche Aussicht auf die üppige Bai von Mkokotoni und die Tumbatuinsel; auch bei diesem schreitet der Verfall rasch vorwärts. In die Bai münden zahlreiche Bäche, die weiter landeinwärts auf dem Plateau die reichen Nelkengebiete von Donge, Mkwajuni u. a. bewässern. In diesen vereinigen sich einzelne Inderläden zu kleinen Niederlassungen, bei welchen auch der Markt stattfindet. Die Behörde, ein arabischer Vali, hat jedoch am Strande in einem Steinhause ihre Residenz, vor dem stets zahlreiche Dhaus vor Anker liegen. Ein Zollamt giebt es in Mkokotoni nicht.

Nördlich von Mkokotoni verschmälert sich die Insel zu der Nordhalbinsel, die auf der Ostseite eine steile Küste besitzt und im Innern von Hügelketten durchzogen wird. Die Ostseite hat sehr fruchtbaren Boden, doch sind darauf keine Nelkenpflanzungen angelegt. Man trifft kleine Dörfer von Wahadimu und Sultans-Sklaven an. Bei Magogoni steht auf der Höhe des Strandplateaus eine ausgedehnte Ruine, von dichter Vegetation überwuchert. Sie hat starke Steinmauern und planmäßig angelegte Schußscharten, an gotische Formen erinnernde Bögen, und gleicht sehr den shirazischen Bauten von Mafia und Koma. Wahrscheinlich stammt diese Feste oder dieses befestigte Haus auch aus der shirazischen Periode. Die See am Fuß des Abfalles bietet einen guten Ankerplatz, so daß auch größere Fahrzeuge vor diesem Fort anlegen konnten. Es ist die ausgedehnteste ältere Ruine Sansibars, sie ist nur mit Kalkmörtel ohne Lehmbeimischung gebaut und wird von den Eingeborenen den mythischen Wadébuli zugeschrieben.

Das äußerste Nordende der Insel ist steinig, aber sehr dicht begrast und mit Busch bedeckt und endet in dem Ras Nungwe. Unweit von diesem findet sich eine sandige Stelle mit Kokospalmen, zwischen welchen die Hütten des Wahadimudörfchens Nungwe eingelagert sind. Am Kap erhebt sich ein etwas wackeliger Leuchtturm mit einer Petroleumlampe, die von einem Shihiri-Araber „gelegentlich" (occasionly), wie die Seekarte sagt, angezündet wird. Das Wächterhaus liegt längst in Trümmern, und der Wächter haust gemütlich im Dorfe. Unweit des Turmes liegen zwei tiefe Tümpel mit steinigen Felsufern, in die zur Flutzeit das Meerwasser durch unterirdische Gänge eindringt, und die mit ihrem klaren buschbeschatteten Wasserspiegel einen reizvollen Anblick bieten. Von der Höhe des Turmes hat man eine ungeheure Fernsicht nach der Festlandsküste zu und nimmt sogar die Usambara-Berge bis Mschihui und Wuga hin wahr. Es ist vielleicht möglich, daß bei günstiger Witterung auch der Kilimandjaro zu sehen ist.

Die Ostküste bei Nungwe fällt steil in tief unterwaschenen Korallenwänden ab, deren Höhen von Kasuarinen gekrönt sind. Dahinter liegen oft gerade im steinigsten Gebiet die Sorghum-Felder der Wahadimu. Diese besitzen ein paar kleine ärmliche Dörfchen bei Muyuni und Matemwe, deren Stellen durch Kokospalmen bezeichnet sind. Von Muyuni führt ein Pfad landeinwärts, der ein schönes, nicht sehr steiniges Grasplateau überschreitet, am Kijini-Hügel vorbeiführt, wo Mangos und Kokospalmen auf frühere Niederlassungen schließen lassen, und dann beim Wahadimu-Dörfchen Dombo in das Kulturgebiet einmündet, das hier besonders wasserreich und fruchtbar ist. Auf sumpfigen Feldern dehnen sich große Reisfelder aus.

Die Ostküste südlich von Matemwe behält ihren unwirtlichen Charakter bei und ist von Korallenplatten und von weißem Sandstrand gesäumt, wo Wahadimufischer die Algen auflesen, die dann in den Fischreusen als Lockspeise dienen. Bei Pwani Mchangani liegt ein ärmliches Fischerdorf mit Sorghumstrohhütten und Grasdach, da der Lehm zum Verputz und die Blätter der Kokospalme zum Dachdecken fehlen. Kokospalmen werden erst seit wenigen Jahren von den Wahadimu angepflanzt. Ein alter gemauerter Brunnen mit kreisrundem Grundriß wird den Wadébuli zugeschrieben. Von Pwani Mchangani führt ein Pfad erst durch wildes, gestrüppbedecktes Korallenland, vorbei an einer windgeschützten Mulde, in der oasenartig ein paar Mangos gedeihen, und nach dem Kulturgebiet von Tetwa und Moga mit wasserreichen Sumpfmulden und Reisfeldern, die gleich jenseits der Wasserscheide beginnen. Der Weg setzt sich dann nach Mkwajuni im Mkokotoni-Distrikt fort.

Der Charakter der Ostküste ändert sich südlich von Pwani Mchangani nicht. Hohe Dünenwälle, von der mächtigen Brandung des Ozeans aufgeworfen, wechseln mit porösen, scharfen Korallenfelsen, in welchen die Ebbe tiefe Tümpel stehen läßt. Mit den traurig einförmigen, entfernt an Fichten erinnernden Kasuarinen wechseln abenteuerliche Pandanusarten (Mkadi), deren Blüten den Frauen eine wohlriechende Zier bieten. Kokospalmen sind sehr spärlich. Bei Pongwe schneidet eine kleine felsige Bai in die fast ungegliederte Küste ein, wo die elenden Hütten eines ärmlichen Fischerdorfes stehen.

Von Pongwe führt ein Weg landeinwärts, erst durch rauhes Buschland, dann, nach Überwindung zweier Steilabfälle, auf das Plateau, wo ältere Kalke anstehen und sofort das Kulturgebiet beginnt, durch das man nach dem reichen Plantagengebiet Uzini gelangt.

Südlich von Pongwe sind noch einige kleine Niederlassungen verstreut, bevor man bei Chwaka an die Bai und den gleichnamigen größeren Ort gelangt, bei dem die Fahrstraße, die von der Stadt quer durch die Insel führt, ihren Endpunkt erreicht. Hier wurden vom Sansibar-Gouvernement einige Bungalows errichtet, die als Erholungsstationen treffliche Dienste leisten. Sonst besteht Chwaka aus einigen Dutzend zwischen Kokospalmen liegenden Hütten, erbaut aus Lehmfachwerk, in das Steine eingelassen sind. Die spärlichen Reste einer kleinen Moschee werden von den Eingeborenen den Wadébuli zugeschrieben.

Bei Chwaka mündet ein breiter Krick, der tief in das Innere der Insel bis Mapopwe seine mangrovenreichen Kanäle entsendet. In diesem wird Bauholz gewonnen, das als Boriti ya Cherawe nach der

Stadt kommt, jedoch weit schlechteres Material als Simba Uranga liefert. Jenseits von diesem Krick liegen die Korallendistrikte Cherawe und ragt die Halbinsel Michamvi in die See. Etwas landeinwärts, rings umgeben von rauhem Korallenland, in dessen Dolinen die Wahadimu Bananen pflanzen, liegt zwischen Palmen das Dorf Mkongoroni, mit einer scheuen Bevölkerung von Wahadimu und Sklaven, die in Zweighütten ohne Lehmverputz hausen. Inmitten reicher Vegetation liegt der viereckige massive Steinbrunnen des Dorfes, der leicht brackiges Wasser giebt. Zwischen Mkongoroni und Cherawe trifft man am Meeresstrand auf die Höhlenmündung des Flusses Matimba Ali, die als Geistersitz phantastisch mit Flaggen und Tüchern geziert ist. Der Sage nach wollte eine Braut Matimba Ali am Hochzeitstag aus dem Brunnen Wasser schöpfen, obwohl ihr dies abgeraten worden. Sie fiel hinein und wurde mit ihrem Bräutigam, der ihr nachsprang, in den Höhlengang des Flusses gerissen, wo beide ertranken. Ihre Leichen wurden im Hochzeitsschmuck bei der Höhlenöffnung am Strande angeschwemmt.

Von Mkongoroni führt ein Pfad durch steiniges Buschland und Sorghumfelder, an kleinen Niederlassungen vorbei nach Bwejuu, dem größten geschlossenen Dorfe der Insel, das im sandigen Strandgebiet zwischen Palmen liegt. Bwejuu hat ca. 200 Hütten, eine Steinmoschee und einen massiven runden Brunnen. Die Hütten haben meist Palmblattwände. Ein Inder hält in Bwejuu einen Laden. Die Bewohner sind Wahadimu, erfreuen sich jedoch anscheinend großen Wohlstandes, wenn man nach den tadellos reinen Hemden und Lendenschurzen der Männer und dem reichen Silberschmuck der Weiber schließen darf. Die Bwejuu-Leute sind ein freundliches heiteres Volk, das in seinem weltentlegenen Stranddorf offenbar sehr vergnügt lebt. Außerhalb des Ortes liegen in langen Reihen Gräber mit Mauereinfassung und zerschlagenen Töpfen darauf. Der nächste Weg nach der Stadt führt von Bwejuu durch Korallenland nach Mapopwe und Chedyu, wo das Kulturgebiet erreicht wird. Ein anderer Pfad führt quer durch die Insel nach Pete. Er durchschneidet erst steiniges Buschland mit einzelnen palmenreichen Oasen. Dann erreicht man die fruchtbare Mulde, die sich als Fortsetzung des Chwaka-Krick quer durch die Insel zieht, und wo auf feuchtem Humusboden eine wahrhaft prachtvolle Vegetation gedeiht. An der Westküste langt man bei Pete an.

Südlich von Bwejuu, in geringer Entfernung, liegt das kleine Dorf Padye, das einen sehr ähnlichen Charakter wie Bwejuu hat. Der Stolz der Padye-Leute ist ihr gemauerter Brunnen mit Steineinfassung, in die eine arabische Inschrift eingekratzt ist. Ein prächtiger Hintergrund von Palmen und Laubbäumen umschliefst den Brunnen. Hier pflegen die Männer abends ihre Pfeife zu rauchen und die malerischen Gruppen der Weiber zu beobachten, die mit lebhaftem Geschwätz in dem eigentümlich singenden Wahadimu-Dialekte mit Mbuyu-Gefäfsen Wasser schöpfen. In Padye werden sehr hübsche Matten gefertigt. Zur Zeit des Nordostmonsuns kommen Somali-Dhaus von der Stadt, um diese Matten sowie Pfeffer und Tabak zu kaufen. Von Padye führt ebenfalls ein Pfad quer durch die Insel nach Miungoni, erst durch unbaufähiges Land, dann durch richtigen Korallenkarst, der von Dolinen durchsetzt ist, zuletzt durch Kulturgebiet.

Südlich von Padye liegen die palmenreichen Dörfer von Jambiani am Strande, in deren Nähe O. Neumann den nach ihm benannten Baumschliefer Perere (Dendrohyrax Neumanni) fand. Auch Servals (Chui) kommen in dieser Gegend nicht selten vor. An die Kokospflanzungen von Jambiani schliefst sich ein grofser Palmenwald, und von diesem erreicht man nach Durchschreitung eines kurzen steinigen Streifens das reiche Kulturgebiet von Makunduchi, das gleich einer prächtigen Oase mitten im ödesten Korallenland verborgen liegt. Hier trifft man Mangobäume, die es sonst im Süden der Insel gar nicht giebt, und auf fettem Alluvialland Maniok-, Sorghum-, Tabak- und Pfefferpflanzungen. Die Hütten liegen in grofser Zahl regellos in den Pflanzungen verstreut, den Mittelpunkt bildet eine alte Steinmoschee, die im dichten Schatten reicher Vegetation gelegen ist. Sie ist nur eine Stunde vom Strande entfernt, bis zu dem die Pflanzungen reichen. Vier Inder halten in Makunduchi Läden und scheinen mit Einkauf von rotem Pfeffer und Verkauf zahlreicher Bedarfsartikel, die sie mit Segelbooten von der Stadt erhalten, gute Geschäfte zu machen. Die Bewohner sind auffallend gut aussehende, meist tadellos gekleidete Wahadimu, besitzen mehrere Koranschulen und führen in ihrer Oase ein recht zufriedenes Dasein, in dem Palmwein und Tänze eine grofse Rolle spielen. Hier trifft man noch stellenweise das rötliche Hemd, das als Nationaltracht der Wahadimu gilt. Die Leute leben von dem Erträgnis ihrer Felder, betreiben Fischfang, halten viele Ziegen, bringen Kopra, Kokosfasern und Obst zur Stadt und verkaufen roten Pfeffer und Tabak meist an Ort und Stelle an die Inder.

Einen ähnlichen Charakter wie Makunduchi trägt die im äufsersten Süden der Insel gelegene Niederlassung Mtende, doch ist deren Kulturgebiet weit kleiner. In Mtende gedeihen ebenfalls viele Kokospalmen, deren Erträgnisse mit Dhaus nach der Stadt gebracht werden; auch einen Inderladen giebt es dort. Einen ganz eigentümlichen

Eindruck macht es, wenn man, die Oase Makunduchi mit ihrem reichen roten Boden verlassend, ganz unvermittelt in das Korallengebiet tritt, das sich westlich davon ausdehnt. Es ist furchtbar verkarstet und mit Geröll und spitzen Steinen bedeckt, so daſs man kaum vom Fleck kommt und es unbegreiflich erscheint, wie die Eingeborenen barfuſs diesen „Pfad der Tugend" wandeln können. Immerhin giebt es Buschvegetation und sogar Sorghum-Felder, die anscheinend aus den nackten Steinplatten hervorwachsen. In einer gröſseren Doline, dem, was man im Karst ein „Polje" nennen würde, ist wieder eine fruchtbare Oase Kufile von geringer Ausdehnung gelegen, wo es zwischen Palmen und Mangos einen sehr tiefen Brunnen giebt.

Dann führt der Pfad weiter durch Korallenland, in dem man nur schrittweise vorwärts kommt, und erreicht beim Dorfe Kizimkazi die Westküste. Das heutige Dorf dieses Namens besteht aus ärmlichen Fischerhütten, die zwischen Mangos, Kokos, Arekapalmen und Yakbäumen (Fenesi) zerstreut liegen und oft die faserigen Schalen der Kokosnuſs als Bausteine in den Lehmverputz eingemauert haben. Die Eingeborenen sind ein ziemlich trauriges Gemisch von Wahadimu und Küstenvolk, sie sind Fischer und bildeten mit ihren Canoes lange Zeit hindurch die Hauptvermittler des Sklavenhandels. Früher war Kizimkazi ein groſser Ort, wie die ansehnlichen Ruinen beweisen, die am Strande vor einer anmutigen Bai mit felsigen, palmgekrönten Ufern liegen. Eine alte, massiv gebaute Moschee, neben der ein riesiger Affenbrotbaum gedeiht, wird noch zeitweise benutzt und ist am besten erhalten, doch bietet sie wenig originelles. Alles andere Gemäuer ist gänzlich verfallen und von Vegetation überwuchert. Ein vorzüglicher Süſswasserbrunnen bei der Moschee ist jetzt noch in Gebrauch. Natürlich schreiben die Eingeborenen alles dies den Wadébuli zu. Wahrscheinlich war Kizimkazi eine shirazisch-arabische Niederlassung und diente den Vorfahren des Schechs der Wahadimu, den Munyimkuu, zur Residenz.

Nördlich von Kizimkazi ist die Küste von einem Hügelzug begleitet, auf dem die Distrikte Muyuni und Mbaa mwezi liegen, die roten, fetten Boden haben und auch den Charakter des Kulturgebietes tragen. Reisfelder wechseln hier mit einzelnen Gewürznelkenpflanzungen, das Land ist reich an Kokos, Mangos und Areka. Einen Übelstand bilden die zahlreichen Wildschweine, die aus der benachbarten Wildnis einzubrechen pflegen, und gegen die sich die Eingeborenen durch Feldmauern schützen. Bei Miungoni gelangt man zu einem der mangrovereichen Kricks, die das Westende der Chwaka-Uzi-Senkung bilden. Hier liegt ein Weiler von Swahili, dessen

Mittelpunkt ein von Banyans gehaltener Laden ist. Hier beginnen die ersten arabischen Landgüter im Innern der Insel.

Jenseits des Miungoni-Krick liegt das schon vorher erwähnte Pete, wo ein Wahadimu-Dorf nahe am Strande erbaut ist und verschiedene arabische Pflanzungen in einem selten fruchtbaren Gebiet verstreut sind. Daselbst wird auch in den sumpfigen Niederungen ziemlich viel Zuckerrohr gebaut, und hier befindet sich eine kleine Zuckerquetsche, doch leidet die Kultur sehr unter Arbeitsmangel, und auch prächtige Kokospflanzungen versinken förmlich im emporwuchernden Busch. In Pete giebt es zwei Inderläden; die Bevölkerung besteht der Hauptsache nach aus Sklaven.

Von Pete führt ein Pfad durch wenig steiniges Busch- und Grasland nach dem Distrikt Chedyu, wo es arabische Pflanzungen mit Mango-Alleen, Kokospalmen und etwas Nelken giebt. Von Chedyu führt der vorhin erwähnte Weg über Mapopwe und den Ausläufer des zur Regenzeit versumpften Chwaka-Krick nach der Lokalität Jangwani und nach Bwejuu an der Ostküste. Das Schambengebiet von Chedyu reicht nördlich fast ununterbrochen bis nach Kibele, wo die Wege zur Stadt und nach Dunga sich teilen.

Jenseits des Pete-Krick dehnt sich der fruchtbare, palmenreiche Distrikt Unguja ukuu aus. Die Bewohner, kleine Araber, Swahili und Wahadimu, leben in freundlichen, kleinen Weilern, die in dem prachtvollen Palmenwald verstreut sind. Den Mittelpunkt bilden einige Inderläden. In neuerer Zeit wurde ein kleines Steinhaus als Polizeistation am Strand errichtet. Der Name, welcher Alt-Unguja[1] bedeutet, liefse auf das Vorhandensein von Ruinen u. dergl. schliefsen. Doch findet sich nichts derartiges; ein massiver Steinbrunnen mit Pfeilern ist ziemlich jungen Datums. Nelken gedeihen in dieser Gegend nicht. Unguja ukuu ist durch einen schmalen unbebauten Savannenstreifen von der Landschaft Bungi getrennt, die sehr schöne Kokospflanzungen und Mangoalleen hat und gröfstenteils Arabern gehört. Sie liegt an der Kombeni-Kiwani-Bai, jener seichten Einbuchtung, die in die Südwestseite der Insel einschneidet. An deren Nordende dehnt sich die Landschaft Kiwani mit vielen Palmen und Feldern von Swahili-Leuten aus; sie liegt am Südende der Mwera-Senkung, doch ist von der Mündung des Mwera, der, wie schon erwähnt, weiter nördlich bei Kibondeï Mzungu verschwindet, keine Spur zu sehen. Westlich von Kiwani liegen grasige, teilweise steinige Ebenen, von

---

[1] ukuu alt. Die Schreibart mkuu (grofs) ist unrichtig.

kleinen Kulturoasen unterbrochen, durch die man nach der Südwest-Halbinsel gelangt.

Auf dieser Südwest-Halbinsel liegen die Distrikte Kombeni, Bweleo und Fumba, erstere ein reiches, meist in arabischem Besitz befindliches Plantagengebiet, in dem sogar stellenweise Nelken gedeihen, die sonst in diesem Teile der Insel fast gar nicht zu finden sind. Bweleo und Fumba sind ziemlich steinige, doch palmenreiche Wahadimu-Gebiete, die den Süden der Halbinsel einnehmen. Bezeichnend für diese ist der Hatajwa-Hügel, ein jungtertiärer Kalkblock, an dem sich kulissenförmig reiche Vegetation hinanrankt. Durch diese klettert man zum Eingang der Hatajwa-Höhle, von welcher schon die Rede war (S. 14). Unweit des Hügels finden sich die oben beschriebenen Machomvi-Felstrichter; ähnliche sollen bei Fumba vorhanden sein. Das Land nördlich der Südwest-Halbinsel ist fruchtbar und reich bebaut. Zwar eignet es sich nicht besonders gut für Nelken, und solche kommen auch nur vereinzelt vor, doch trifft man auf schöne Kokoshaine und ausgedehnte Maniokpflanzungen, sowie auf auffallend viele Arekapalmen. Die Bewohner sind vielfach Küstenleute und leben in zerstreuten Weilern, deren Mittelpunkt Inderladen und Marktplatz bilden. Die Weiber verfertigen hübsche Töpfe, die sie nach der Stadt zum Verkauf bringen. In der reichen Vegetation sind einzelne Steinruinen jungen Alters halb verborgen, während die jetzigen Bewohner fast nur in Lehmhütten hausen.

Bei Chukwani erhebt sich ein ausgedehnter, ziemlich verwahrloster Palast des Sultans; etwas südlich davon entspringen reiche Quellen, die im Volksmunde als Mündung des Mwera-Flusses gelten, ohne dafs sich ein Beweis dafür anführen liefse. Bei Chukwani beginnt eine gute Fahrstrafse, die auf der Höhe der Uferrampe, meist mit prächtigem Blick auf die See, nach der Stadt führt. Sie kommt an der ausgedehnten englischen Missionsniederlassung Mbweni vorbei, durchzieht reizende Landgüter, in denen sich massive steinerne Wohnhäuser erheben, und mündet bei der Mnazimoja in das Stadtgebiet ein.

Damit ist der Rundgang um die Insel vollendet, und es erübrigt, einige Gebiete des Innern zu besprechen, die dabei keine Erwähnung fanden. Es geschieht dies am besten im Anschlufs an die Beschreibung der Fahrstrafse, die, die Insel durchquerend, von Sansibar nach Chwaka führt. Diese Strafse wurde durch den Engländer Last im Auftrage des Sansibar-Governments erbaut; sie wird vorzüglich gehalten und macht ihren Erbauern alle Ehre. Nach Verlassen des

Stadtgebietes führt sie durch fruchtbares Land, in dem Kokos- und Mangobäume, sowie Kulturen von Nahrungspflanzen vorherrschen, da die Nähe der Stadt diese lohnender als Nelkenpflanzungen erscheinen läfst.

In ziemlich scharfer Steigung führt die Strafse auf die Rampe von Welezo, die den Abfall des westlichen Höhenzuges der Insel bezeichnet. Dieser verflacht sich weiter gegen Süden in den Plantagengebieten von Fuoni, die sehr fruchtbaren, aber etwas sandigen, zu Nelkenpflanzungen nicht geeigneten Boden besitzen. Nördlich von Welezo erhebt sich auf demselben Höhenzuge der Masingini-Hügel mit steilem Abfalle gegen Westen und sanfter, von Nelkenpflanzungen bedeckter Abdachung gegen Osten. Seinen höchsten Punkt krönt ein halbverfallenes Steinhaus, die Ruine eines Lustschlosses früherer Sultane. Wälder von Gewürznelken bedecken den Höhenzug weiter nördlich, wo er, stets der Küste gleichlaufend, die Distrikte Kijichi, Kikaangoni und Mbaleni trägt und sich allmählich gegen den Zingwe-Zingwe-Flufs und gegen die Landschaften nach Mkokotoni hin abflacht.

Die Strafse führt von Welezo allmählich bergab, meist durch Nelkenpflanzungen und zu dem von prachtvollen grofsblättrigen Colocasien eingesäumten Mweraflufs, über den sich eine massive Steinbrücke spannt. Hier hat das Gouvernement von Sansibar in reizender Lage ein Unterkunftshaus errichtet. Die Gebiete am Mweraflusse bezeichnen wohl die höchste Fruchtbarkeit der Insel. Am Wasser selbst wird viel Zuckerrohr gepflanzt, und ein Araber hat weiter südlich bei Mwera kwa Manha sogar eine kleine Dampfmühle errichtet. An den Hängen ziehen sich die endlosen Reihen der Gewürznelkensträucher oder die Haine von Kokos- und Arekapalmen hin.

Einen sehr ähnlichen Charakter bewahrt das leichtgewellte Land, durch das die Strafse landeinwärts zieht. Stets herrschen Nelkenpflanzungen vor, und auch im Norden im Distrikt Ndagaa und im Süden im Distrikt Pongwe und andern erstreckt sich der Anbau des süfsduftenden Gewürzstrauches über meilenweite Gebiete.

Plötzlich ändert sich der Landschaftscharakter; die Strafse durchzieht ein steiniges unfruchtbares Feld, das sich gegen Nord und Süd weit ausdehnt; im Osten aber erhebt sich der fernste Höhenzug, den das weifse Steingebäude von Dunga krönt. Dieser Höhenzug hat wieder sehr fruchtbaren Boden. Nach Durchschreiten des Steinfeldes gelangt man wieder in Kokos- und Nelkenpflanzungen, die den Dunga-Palast, diese historische Residenz des Munyimkuu, des alten Wahadimu-Fürsten, in reicher Fülle umgeben. Nach dem Tode des letzten

Muniymkuu fiel das Haus an den Sultan, und heute hat das Gouvernement hier einen komfortabel ausgestatteten Landsitz für Europäer geschaffen, von dessen Fenstern man einen weiten Umblick hat.

Die Bodenwelle von Dunga, die gewissermafsen das Rückgrat der Insel bildet, trennt das fruchtbare vom unfruchtbaren Gebiet. Da sich auch östlich von ihr ein schmaler, unfruchtbarer Streifen hinzieht, so erhält sie den Charakter einer Oase. Der Höhenzug selbst ist von höchster Fruchtbarkeit. Er trägt im Süden die Landschaft Tunguu mit Nelken- und Kokospflanzungen, in deren Mitte ein Dorf mit gemischter Wahadimu- und Stadtbevölkerung liegt. Die Weiber beschäftigen sich vorwiegend mit Töpferei. Westlich von Tunguu sollen einige gröfsere Felstrichter im Busch verborgen liegen.

Nördlich von Dunga liegt der Distrikt Uzini mit mehreren Inderläden; dabei liegt ein gemauerter Brunnen, um den die Weiber sich den ganzen Tag über schäkernd sammeln. In Uzini ist der Hauptsitz einer interessanten Kunstindustrie, der Thürschnitzerei. Die in zierlichen Arabesken ausgeführten Thürrahmen der Araberhäuser in Sansibar stammen vielfach aus Uzini. Die Kunst mag ursprünglich aus Indien eingeführt sein, wie die Grundmotive der Schnitzereien anzudeuten scheinen. Doch erlitt sie in Sansibar jedenfalls manche Abänderung durch Aufnahme arabischer Schriftzüge und nationaler Ornamente, jenen sehr ähnlich, die man auf den zierlich ausgenähten, von Männern gefertigten weifsen Mützen der Swahili-Leute findet. In neuerer Zeit macht sich ein Verfall dieser Schnitzerei bemerkbar, da billige, grobe Arbeit weit mehr als feine gesucht wird, und alte Thüren sind meist viel schöner ausgeführt als moderne. Auch werden neuerdings schablonenhaft, aber ganz gefällig gearbeitete Thüren dieser Art aus Indien importiert. Als Material dient meist das Holz des Fenesi-(Yakfrucht-)Baumes. Die Schnitzer fertigen aufserdem noch hübsche Holzsandalen, die von den Arabern beim Baden getragen werden.

Nördlich von Uzini dehnen sich die Nelkengebiete von Kinyasini aus, die stellenweise von sumpfigen Wiesen unterbrochen sind und sich dann an die Mkokotoni-Landschaften anschliefsen.

Östlich von Dunga betritt die Strafse das Korallenland und führt durch dieses nach Chwaka. Hier waren beim Bau die gröfsten technischen Schwierigkeiten zu überwinden.

VI.

Wir haben nun noch auf jene kleinen Inseln einen Blick zu werfen, die sich in nächster Nähe der Halbinsel hinziehen und besonders längs der Westküste eine fortlaufende Kette bilden, die als aufragende Kuppen des Wallriffes zu betrachten ist. Die gröfste dieser Inseln ist Tumbatu. Es ist ein langgestrecktes flaches Eiland, das hauptsächlich den Charakter steinigen Korallenlandes trägt, jedoch in seinem südlichen Teile gut anbaufähig ist und den Feldern der Eingeborenen guten Boden bietet. Tumbatu ist schon seit sehr langer Zeit bewohnt. Am Südende liegen stark verfallene Ruinen, wahrscheinlich eine Moschee und Wohngebäude, die ihrer Bauart nach (ohne Lehmbeimischung) shirazischen Ursprunges sind. Die heutigen Bewohner leben in zwei in Kokoshainen eingelagerten Dörfern, Jongoe im Süden der Insel mit einer alten Steinmoschee, und Kichangani an einer Bucht an der Ostküste mit drei kleinen ganz modernen Steinmoscheen, sonst ärmlichen Lehm- und Palmblatthütten. Zwischen den beiden Dörfern liegen Sorghumfelder und Betelblattpflanzungen. Hier finden sich auch die beiden Brunnen der Insel, die jedoch zur trockenen Zeit versiegen und die Einwohner zwingen, ihr Wasser von der Hauptinsel Sansibar bei Mkokotoni zu holen. Der nördliche Teil der Insel ist Wildnis und der Aufenthaltsort zahlreicher Affen und Perlhühner.

Von den Eingeborenen, den originellen Watumbatu, war bereits die Rede. Durch die Insel führt ein Pfad nach der zur Ebbezeit trockenen Fufses erreichbaren Insel Mwana-Mwana, wo sich ein Leuchtturm mit Drehfeuer erhebt.

Zwischen Tumbatu und der Hauptinsel liegt die kleine fruchtbare Insel Puopo, auf der es Pflanzungen, aber keine ständige Niederlassung giebt.

Eine andere Gruppe kleiner wasserloser Inseln ist dem Hafen von Sansibar vorgelagert. Es sind durchweg niedrige Koralleneilande. Der Küste am nächsten liegt Chapwani[1], von den Europäern „Toteninsel" genannt, weil sich dort ein alter, jetzt kaum mehr benutzter Friedhof befindet, in dem zahlreiche Europäer, meist Seeleute, ihre Ruhestätte gefunden haben. Die Insel hat teils sandigen, teils steinigen Boden und ist mit dichter Vegetation bedeckt, aus der sich hohe Baobabs erheben. Es sollen dort Zwergantilopen leben. Im steinigen Teil findet sich eine kleine Lagune.

Nahe an der Toteninsel und durch eine bei Ebbe trocken fallende Sandbank damit verbunden, liegt der kleine Fels Kebandiko, der „Blumenkorb" der Europäer. Das Eiland hat überall steile, überhängende Felsufer, so dafs es nicht leicht ist, darauf zu gelangen. Oben ist die Insel von dicht verfilzten, kaum passierbaren Vegetations-

---

[1] Kisiwa cha pwani, d. h. Insel bei der Küste.

massen erfüllt, in denen rote Ameisen und eine brennesselartig wirkende Pflanze den Aufenthalt wenig angenehm machen. Zahllose grofse Spinnen ziehen ihre Gewebe durch alle Zweige.

Einen vollständigen Gegensatz zu dieser kleinen Urwildnis bildet Changuu[1], die „Gefängnis-Insel" der Europäer, von den Eingeborenen jetzt meist Kisiwa cha Saïd bin Abdallah genannt, nach einem Araber, der dort schon seit Jahren ansässig ist, an der Ostseite einige Kokospalmen pflanzte und die dortigen Steinbrüche bearbeitet. Die Insel ist an der Ostseite sandig, sonst steinig und mit niedrigem Busch bedeckt. Am dichtesten wird dieser am Westende, wo Euphorbien-Gestrüpp zwei kleine, von steilen Felswänden umschlossene Lagunen umrahmt, deren kleiner Wasserspiegel mit den Gezeiten steigt und fällt. An der schroffen, unzugänglichen Nordküste der Insel hat das Gouvernement von Sansibar ein ausgedehntes, mit vorzüglichen Cisternen-Anlagen versehenes Gefängnis für Eingeborene errichtet, das nächstens seiner Bestimmung übergeben werden soll. Unweit desselben erhebt sich das freundliche Wohnhaus des Direktors. An der Ostseite ist ein vortrefflich eingerichteter geräumiger Erholungs-Bungalow errichtet, der den Europäern der Sansibarkolonie in bereitwilligster Weise zur Verfügung gestellt wird. Die Insel ist allerorts von alten und neuen Steinbrüchen durchwühlt, in deren Sohle die Bewohner, meist Sklaven des obengenannten Arabers, ihre Hütten aufgeschlagen haben und ein halb unterirdisches Dasein führen. Es dürften ca. 50 Menschen auf Changuu hausen, von denen mehrere auf der Insel geboren sind. Kulturgewächse gedeihen ziemlich gut, leiden jedoch durch die zahlreichen Ziegen- und Rinderheerden Schaden. Diese selbst, sowie Hühner, Enten, Gänse, Perlhühner gedeihen dagegen um so besser.

Vollständig einsam liegt Bawe, die „Telegrapheninsel", in der See, so benannt, weil die aus verschiedenen Richtungen einlaufenden Kabel dort münden. Die Telegraphen-Kompagnie besitzt dort ein kleines unbewohntes Steinhaus, das im Notfall als Telegraphenstation dienen kann. Die Insel ist grofsenteils sandig und hat einen gröfseren Hain von Kokospalmen, die jedoch kaum Frucht tragen und im Busch verkommen. Das Nordufer ist steil und mit dichtem Busch gekrönt, in welchem Baumeuphorbien vorherrschen. Längs der Westküste zieht sich, tief im Mangrovengebüsch versteckt, eine Reihe von Lagunentümpeln hin, die sich bei Hochflut mit Seewasser füllen.

Weiter südlich, etwa in der Breite des Hatajwa-Hügels, ist die Insel Chumbe der Hauptinsel vorgelagert, ein mit dichtem Busch bedecktes

---

[1] Kisiwa cha ngulu d. h. Insel des Ngulu-Fisches.

Eiland mit felsigen Ufern, umgeben von Korallenriffen. Nur an der Westseite liegt ein sandiger Landungsplatz. Da Chumbe von gefährlichen Riffen umgeben ist, wird jetzt ein Leuchtturm darauf errichtet.

Zwischen Chumbe und der Hauptinsel liegen die kleinen felsigen Inseln Tele.

Südlich der Hatajwa-Halbinsel ist eine andere Gruppe kleiner wasserloser Inseln verstreut. Die nördlichste davon ist Kwale, ein im Norden sandiges, im Süden steiniges Eiland, das von einem Mangroven-Arm, dem Überrest einer Lagune, in zwei Hälften getrennt wird und mit dichtem Busch bedeckt ist, aus dem sich einzelne Baobabs erheben. Früher sollen Pflanzungen auf Kwale bestanden haben, und der Boden ist stellenweise fruchtbar, wenn auch etwas steinig. Jetzt hausen nur Fischer und Fischhändler in kleinen Grashütten vorübergehend auf der Insel, auch wird sie von Holzschlägern besucht, die Brennholz und etwas Bauholz nach der Stadt verladen. Aufser Ratten, Pythonschlangen und einigen verwilderten Haushühnern beherbergt die Insel keine gröfseren Tiere.

Unweit von Kwale liegen die Komonda-Riffe mit überhängenden, von der Brandung wild umschäumten Felsufern, bedeckt mit Buschvegetation und Euphorbiengestrüpp.

Sehr ähnlichen Charakter mit Kwale haben die Inseln Miwi, Nyamembe und Pungume. Alle sind wasserlos, haben steinigen, aber nicht unfruchtbaren Boden, sind mit dichtem Busch bedeckt und dienen Fischern und Holzschlägern zu vorübergehendem Aufenthalt.

In der Kombeni-Bai liegt die Insel Ukanga, ein langgestrecktes, teilweise bebautes Eiland.

Die gröfste Insel dieser Gruppe, die auch einen von den andern sehr verschiedenen Charakter hat, ist Uzi. Uzi ist durch einen Kanal von der Hauptinsel getrennt, der bei Unguja ukuu seicht und zur Ebbe durchwatbar ist, weiter südlich jedoch breiter und tiefer wird. Die Insel besitzt mehrere gute Brunnen, die Westseite ist steinig und mit Busch bedeckt, die Ostseite jedoch fruchtbar und ziemlich stark bewohnt. Im Busch hausen viele Wildschweine und Antilopen; Ratten und Pythonschlangen sind selten. Die Bewohner sind Wahadimu, nette freundliche Leute, die in ihren hübschen Dörfern ein idyllisches Leben führen. Sie sind vielfach Matrosen und Fischer und bringen Schildpatt, Haifischfleisch und andere getrocknete Fische, sowie roten Pfeffer und etwas Tabak zum Verkauf nach der Stadt. Ihre Hauptkulturpflanzen sind Sorghum, Bataten, Hülsenfrüchte (chooko) und etwas Maniok; Kokospalmen, Mangos und andere Fruchtbäume sind bei den Dörfern häufig. Geflügel und sehr viele Ziegen werden auf der Insel gehalten, jedoch kein Rindvieh.

Das Hauptdorf Uzi liegt im Norden und hat einen von einer mächtigen Tamarinde beschatteten Landungsplatz. Seine Hütten sind in die üppige Vegetation eingelagert. Drei Inder (Maiman) haben Läden anf Uzi und machen recht gute Geschäfte, wie denn die Bevölkerung wohlhabend erscheint. Die Uzileute beginnen sogar steinerne Wohnhäuser zu erbauen und besitzen bereits eine gemauerte Moschee. Mehrere mohamedanische Schullehrer unterrichten die Kinder. Längs der Ostseite liegen noch einzelne Weiler zwischen dichten Mangohainen, Kokospalmen und Baobabs, einzelne noch ganz junge Gründungen, wo die Einwohner eben den Busch zu klären beginnen. Ein Araber besitzt ein Landgut mit schöner Mangoallee auf Uzi. Die Gesamtzahl der Bewohner dürfte wohl 1200 betragen.

Südlich von Uzi liegt die kleine Insel Wundwe, ein felsiges Eiland mit hochragenden Affenbrotbäumen, das bei Ebbe trockenen Fufses von Uzi aus erreichbar ist. Sie besitzt einen Brunnen mit brackigem Wasser und ein Dorf mit 40 ärmlichen Hütten, die Residenz eines uralten Wahadimu-Patriarchen, der eine grofse Ziegenheerde sein eigen nennt. Der Süden von Wundwe ist mit Busch bedeckt; die Insel ist überhaupt erst seit einer Generation ständig bewohnt, doch besafsen die Uzi-Leute dort stets Felder. Der Patriarch war früher das Oberhaupt von Uzi und Vertreter des Munyimkuu von Dunga. Später konnte er gegen die „modernen Ideen" der heranwachsenden Generation nicht mehr aufkommen und zog sich grollend nach der Felseninsel Wundwe zurück.

An der Ostküste Sansibars liegt nur eine einzige Insel, Mnemba, unweit der Nordspitze der Hauptinsel. Sie bildet den Gipfel eines ausgedehnten, zur Ebbezeit trocken fallenden Riffes, das von der Hauptinsel durch einen tiefen Kanal getrennt ist. Mnemba ist eine Sandbank mit hohen Kasuarinen, auf der sich merkwürdigerweise ein alter Brunnen mit recht gutem Süfswasser befindet. Die Insel ist vorübergehend von Fischern bewohnt. Früher gab es viele verwilderte Haushühner darauf, doch wurden sie fast ganz ausgerottet. Mnemba war früher ein beliebter Ruheplatz der nach Pemba und nach der arabischen Küste laufenden Sklavenschiffe.

Wenn wir zum Schlusse einen Blick auf die Stellung Sansibars im Welthandel werfen, so ist es sicher, dafs der Hafen seine Bedeutung als Stapelplatz des tropischen Ostafrika in absehbarer Zeit nicht verlieren und bei der stets steigenden Entwickelung der afrikanischen Kolonialgebiete an Wichtigkeit gewinnen wird. Eine neue Rolle ist Sansibar als Zwischenhafen und Kohlenstation für den Verkehr nach dem mächtig emporblühenden Südafrika zugewiesen.

Die Insel Sansibar selbst geht zweifellos einer wirtschaftlichen Krisis entgegen. Die Aufhebung der Sklaverei, die wohl nur eine Frage der Zeit ist, wird für die arabischen Nelkenpflanzer ein schwerer Schlag sein. Es steht zu hoffen, dafs sie diesen nicht überdauern, und dafs die Pflanzungen in europäische Hände übergehen werden. Bei dem Wasserreichtum und der hohen Fruchtbarkeit der Kulturgebiete in Sansibar ist es nicht fraglich, dafs die Insel sich als europäisches Plantagengebiet ganz anders entwickeln wird, als dies bei dem indolenten arabischen Betrieb jemals möglich wäre. An eingeborenen Arbeitern wird es gewifs nicht fehlen. Ob die Nelkenkultur die Krisis überstehen wird, was nur bei einem namhaften Steigen der Preise möglich wäre, oder ob die Einführung neuer Kulturgewächse sich neben der Kokospalmenkultur als vorteilhaft erweisen wird, bleibt der Zukunft überlassen.

Das Korallenland wird seines rauhen Charakters halber stets nur geringere Wichtigkeit haben. Doch ist auch dieses keineswegs unfruchtbar, und heute schon giebt es exportfähige Produkte, wie roter Pfeffer und Betel, die im Korallenland besser gedeihen als im Kulturgebiet; und es ist keineswegs ausgeschlossen, dafs auch das Korallenland noch eine wirtschaftliche Bedeutung gewinnt.

Was die Verwaltung Sansibars anbelangt, so mufs man vor allem bedenken, dafs das aus Europäern zusammengesetzte Sansibar-Gouvernement mit ungewöhnlichen Schwierigkeiten zu kämpfen hat. Es soll es einerseits dem orientalischen Fürsten recht machen, in dessen Namen es regiert, und der gar oft allen Reformen passiven Widerstand entgegensetzt, andrerseits den Wünschen der Protektoratsmacht, ja sogar der öffentlichen Meinung in England Rechnung tragen; das heifst Anschauungen verbinden, die einfach unvereinbar sind. Es soll die Exterritorialrechte der Konsulate, deren mehrere über Hunderte schwarzer Schutzgenossen Gerichtsbarkeit ausüben, streng beachten, es soll auf dem Standpunkt der Brüsseler Akte stehen und zugleich die Interessen arabischer Sklavenbesitzer wahrnehmen. Dafs unter solchen Umständen gerade die Gebiete der inneren Verwaltung, wie Gerichts- und Polizeiwesen, sich schwer entwickeln können, ist begreiflich. Doch hat das Gouvernement auf anderen Gebieten bereits anerkennenswerte Erfolge aufzuweisen. Zollwesen und Seebehörde sind geordnet, und letztere macht sich durch Anlage neuer Leuchttürme besonders neuerdings verdient.

Die Hauptthätigkeit entfaltet das Gouvernement jedoch auf baulichem Gebiet. In der Stadt werden — zum Glück ohne den orientalischen Charakter zu schädigen — die gröbsten und gesundheitsschädlichsten Übelstände beseitigt. Ein weit wichtigerer Erfolg ist die Anlage der Strafse quer durch die Insel von Sansibar nach Chwaka, einer Anlage, der z. B. Deutsch-Ostafrika noch nichts ähnliches zur Seite zu stellen hat. Neuerdings soll die Strafse nach Chweni bis Mkokotoni verlängert werden. Nicht zu unterschätzen ist ferner die Errichtung von bequemen Erholungsstationen in Chwaka, Dunga und auf der Gefängnisinsel, die den Europäern das Überwinden der klimatischen Schwierigkeiten sehr erleichtern und besonders Frauen und Kindern zu Gute kommen.

Druckfehler-Berichtigung
zu Heft 1, Die Insel Mafia.

S. 17, Zeile 15—17 lies: Nimmt man die Fläche des von Kokospalmen bestandenen Landes zu ca. 16 qkm. an und setzt pro Palme eine Fläche von ca. 20 qm., so ergiebt sich für Mafia eine Anzahl von ungefähr 800 000 Kokospalmen.

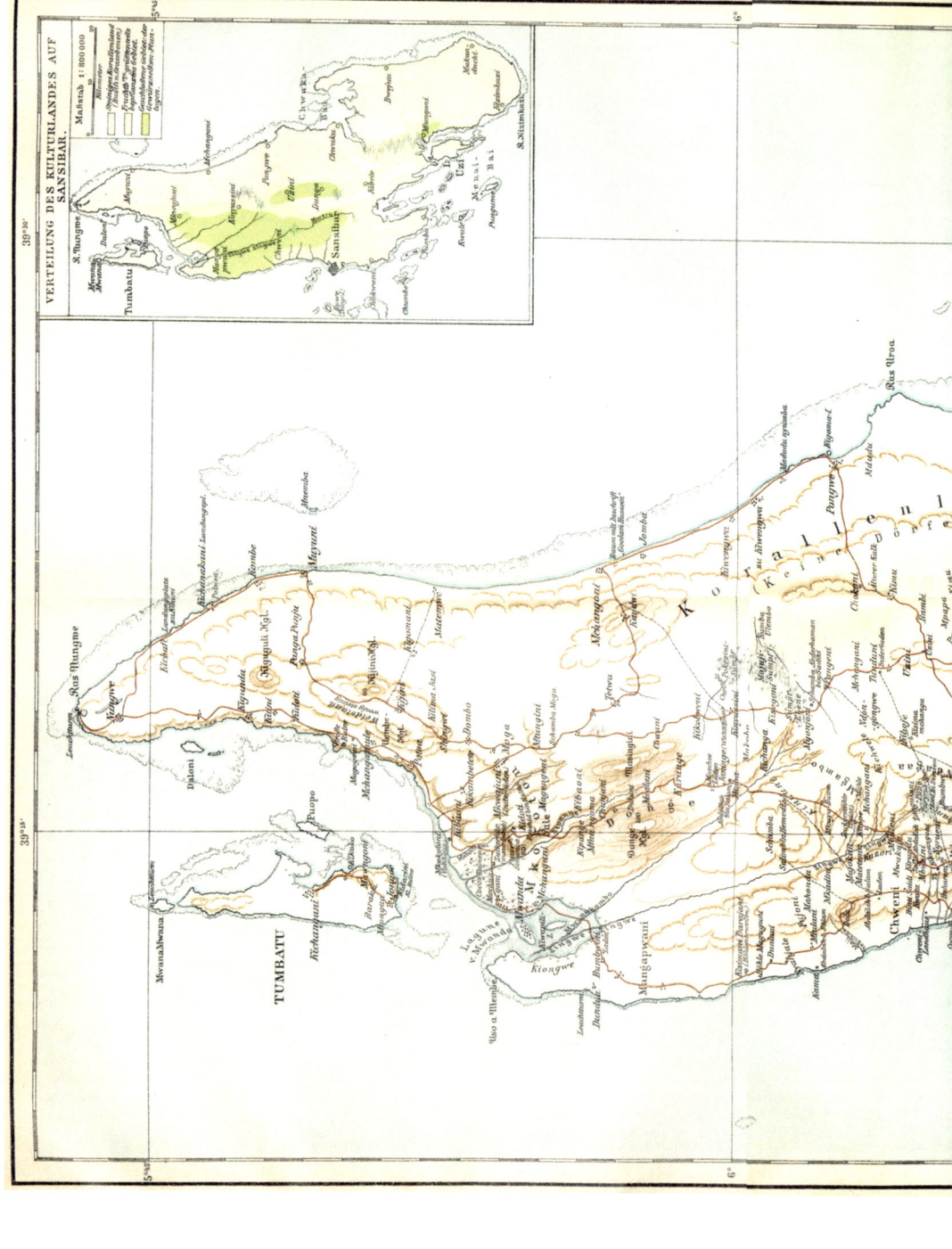

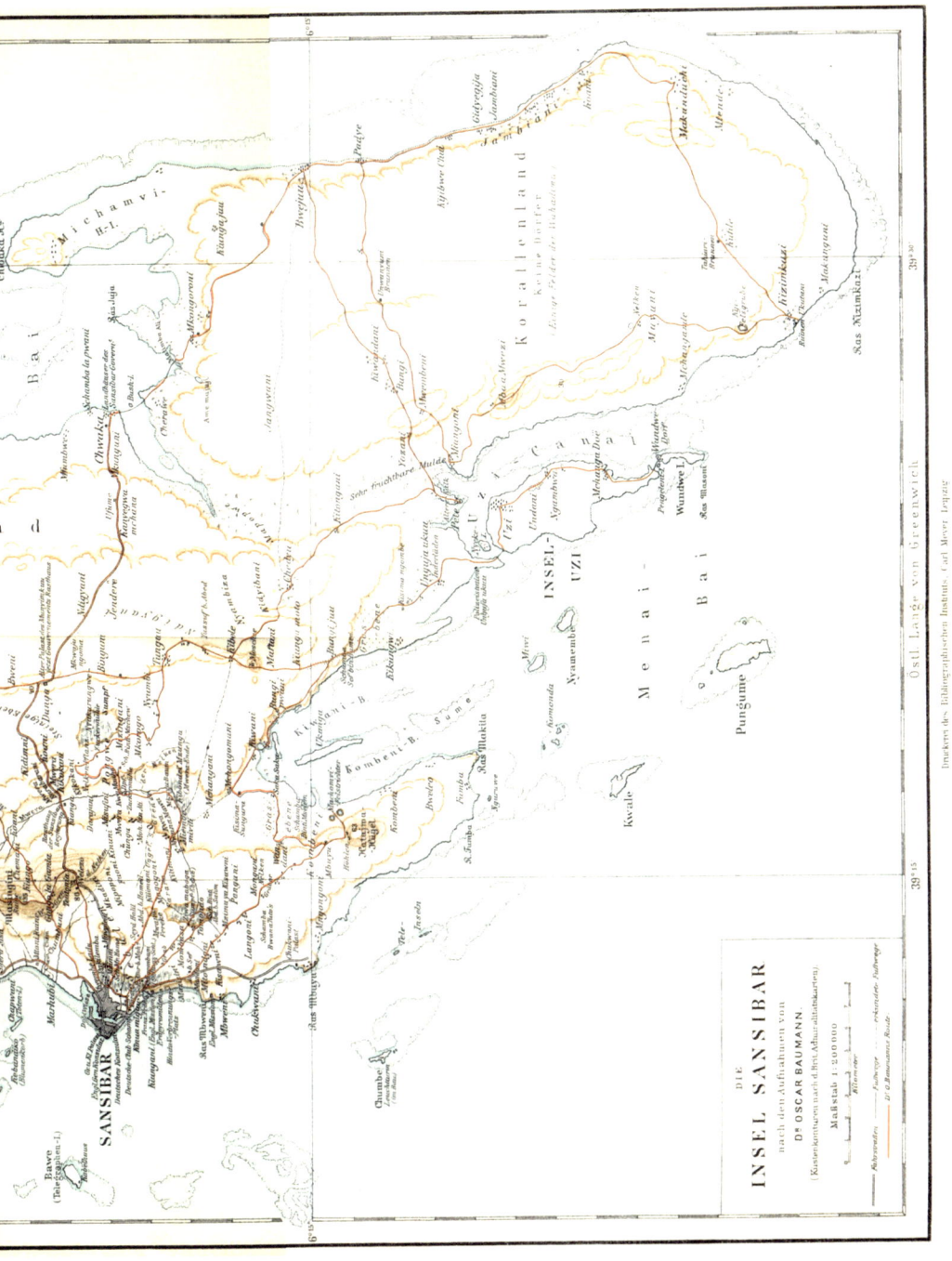

Printed by Libri Plureos GmbH
in Hamburg, Germany